Sophies Grillfeste

Im Gerstenberg Verlag bereits erschienen:
Sophies Cakes
Sophies Tartes, Quiches und Salate
Ducasse ganz einfach dank Sophie
Sophies Buffets
Sophies Marmeladen & Kompotte
Sophies Gourmet-Haschees

Entdecken Sie Sophies kulinarische Welt:
ihre Kochbücher, ihre Rezepte, ihre Tipps, ihre Kochkurse,
ihre Feinschmeckerprodukte und ihr behagliches Landhotel in der Normandie.

www.lamaisondesophie.com

Sophie Dudemaine
La Maison de Sophie
F-14950 Saint-Étienne-la-Thillaye
Tel. 0033-02 31 65 69 97

Sophie Dudemaine
L'Art de Vivre Gourmand

Bibliografische Information der Deutschen Nationalbibliothek
Die Deutsche Nationalbibliothek verzeichnet diese Publikation
in der Deutschen Nationalbibliografie; detaillierte bibliografische Daten
sind im Internet über *http://dnb.d-nb.de* abrufbar.

Die Originalausgabe erschien unter dem Titel *Les Barbecues de Sophie*
bei Éditions Minerva, Genf

Satz: typocepta, Wilhelm Schäfer, Köln
Printed in Italy

www.gerstenberg-verlag.de

ISBN 978-3-8369-2988-2

Sophie Dudemaine

Sophies Grillfeste

Fotos von
Philippe Exbrayat

Aus dem Französischen von
Barbara Holle

GERSTENBERG

Inhalt

Sophies Ratschläge

Holzkohle-, Gas- oder Elektrogrill?
Was gibt es Besseres als eine gegrillte Köstlichkeit, die über der Glut eines Holzkohlegrills oder gar eines Kamins zubereitet wurde?
Damit das Anzünden problemlos klappt, sollten Sie nicht vergessen, Grillkohle und einen geeigneten Anzünder zu besorgen.
Und denken Sie daran, den Grill bereits zwei Stunden vorher anzuheizen, damit genug Glut vorhanden ist, wenn Sie mit dem Grillen beginnen wollen.

Elektrische Grillgeräte sind ideal für Terrassen, Balkons und Veranden. Denn der Wasserbehälter, in dem das Fett aufgefangen wird, sorgt dafür, dass sich die Rauch- und Geruchsbelästigung in Grenzen hält – und obendrein benötigt man keine Grillanzünder. Der Elektrogrill sollte eine halbe Stunde, bevor man mit dem Grillen beginnt, angeheizt werden.

Ein mit Gas betriebener Grill hat gegenüber dem Elektrogrill den Vorzug, dass man ihn auch im Garten einsetzen kann, weil man keine Stromquelle benötigt. Außerdem sind Gas-Grills mit einem Deckel ausgestattet und können so im Handumdrehen in einen Backofen umfunktioniert werden.
Der Gas-Grill muss 15 Minuten im Voraus angeheizt werden.

Daneben sind im Handel viele gute Tischgrillgeräte erhältlich.

Sollten Sie keinen Grill besitzen oder das Wetter einfach schlecht sein, können Sie die im Folgenden vorgestellten Gerichte natürlich alle auch unter dem Backofengrill garen.

Das Zubehör
Für Fleisch, Fisch und Spieße empfiehlt sich ein Fischbräter oder ein Grillkorb. Damit lässt sich das Grillgut problemlos wenden, ohne zu zerfallen.

Verwenden Sie nach Möglichkeit keine runden Spieße, sondern flache Barbecuespieße, von denen das Grillgut nicht herunterrutschen kann. Besonders praktisch sind Doppelspieße, die das Grillgut noch besser halten und die sich leichter wenden lassen.
Um Verbrennungen zu vermeiden, sollten die Spieße in jedem Fall möglichst lang und mit einem Holzgriff ausgestattet sein.
Holz- oder Bambusspieße sollte man ausschließlich für elektrische und mit Gas betriebene Geräte verwenden. Und denken Sie daran, Holzspieße vor dem Grillen mindestens eine halbe Stunde zu wässern, damit sie nicht verbrennen. Holzspieße haben allerdings den Nachteil, dass das Grillgut leichter herunterrutscht.

Um Verbrennungen zu vermeiden, sollte auch das Grillbesteck möglichst lange Griffe haben. Empfehlenswert sind außerdem Grillhandschuhe.

Als Grundausstattung benötigen Sie einen Pinsel, eine Platte, ein Geschirrtuch, ein Schneidebrett, ein Tranchiermesser, Alufolie (um größere Fleischstücke, die nach dem Garen noch etwas ruhen müssen, zu verpacken), eine Servierplatte, grobes Salz, Pfeffer und eine Schüssel mit Wasser zum Reinigen der Hände.

Darüber hinaus empfiehlt es sich, einen Servierwagen oder einen Tisch in Reichweite zu haben. Schließlich kann die Arbeitsfläche beim Kochen gar nicht groß genug sein ...

Und denken Sie auch an eine mit Eiswürfeln gefüllte Kühltasche zum Kühlen Ihrer Getränke.

Die Vorbereitung
Fisch sollte nicht zu lange mariniert werden, da er unter Umständen durch die Marinade »gegart« werden kann. Einem Stück Fleisch oder Geflügel kann längeres Marinieren (2 Tage im Kühlschrank) dagegen durchaus nicht schaden.

Nehmen Sie die Zutaten immer eine Stunde vor der Zubereitung aus dem Kühlschrank.

Auch Saucen, die Sie bereits vorher zubereitet haben, rechtzeitig aus dem Kühlschrank nehmen, damit sie sich bis zum Servieren auf Zimmertemperatur erwärmen können.

Lassen Sie die Gäste bei einer Grillparty ihre Spieße selbst zusammenstellen und stellen Sie dazu Fischwürfel, Garnelen, Fleisch, Tomaten, Paprikaschoten, Champignons, Silberzwiebeln etc. sowie Kräuter und Olivenöl bereit.

Grillen ist auch ideal für alle, die auf ihr Gewicht achten müssen oder wollen. Butter und Öl sind dann allerdings tabu. Ersetzen Sie das Fett beispielsweise durch Senf, Tomate oder Zitrone, und für die Saucen empfehlen sich Quark und Joghurt und natürlich Kräuter.

Diese Sicherheitsvorkehrungen sollten Sie unbedingt beachten
Stellen Sie den Grill an einem windgeschützten Platz auf. Achten Sie darauf, dass sich keine leicht entflammbaren Gegenstände oder Materialien in der Nähe befinden, und vergewissern Sie sich, dass der Grill einen festen Stand hat.

Behalten Sie den Grill während des Grillens immer im Auge.

Schütten Sie keinesfalls Brennspiritus ins Feuer, um es wieder anzufachen. Dafür gibt es spezielle Anzünder.

Um hochlodernde Flammen zu löschen oder die Hitze zu verringern, eine Handvoll grobes Salz in die Glut werfen oder die Glut mit Wasser besprühen. Um die Hitze zu erhöhen, einfach etwas Holzkohle oder Holz auf die Glut legen und das Feuer durch Blasen wieder entfachen.

Die Asche niemals in Müll- oder Plastikbeutel schütten, denn sie hält die Hitze sehr lang. Vergewissern Sie sich stets, dass die Asche erkaltet ist, bevor Sie sie entsorgen.

Die Zubereitung

Zum Aromatisieren lege ich Weinranken, Buchen- oder Nussbaumholz, Kiefernzapfen oder -nadeln auf die Glut.
Damit das Aroma der Kräuter noch besser zur Geltung kommt, können Sie auch Thymian, Rosmarin, Lorbeer, Fenchel oder Zimt in die Glut streuen.

Der Grill hat die richtige Temperatur, wenn der Rost so heiß ist, dass man mit der Hand nicht mehr in die Nähe kommen kann.

Warten Sie immer erst, bis der Rost heiß ist, bevor Sie das Grillgut darauflegen.

Fleisch niemals direkt im Anschluss an Fisch auf den Rost legen, sondern den Rost vorher erst säubern, denn er ist der Teil des Grills, mit dem die Lebensmittel unmittelbar in Berührung kommen. Ihn mit Spülmittel zu reinigen, ist nicht erforderlich. Es reicht aus, ihn zu erhitzen, um ihn zu sterilisieren, und angebrannte Speisereste zu entfernen. Knüllen Sie Alufolie zu großen Kugeln zusammen und reinigen Sie den Rost damit. Oder besorgen Sie sich eine spezielle Metallbürste.

Das Fleisch während des Garens niemals mit der Gabel einstechen, sondern eine Zange verwenden. So kann kein Fett in die Glut tropfen und sich entzünden. Außerdem vermeidet man so, dass der Saft aus dem Fleisch austritt.

Den herkömmlichen Pinsel können Sie auch durch einen »Kräuterpinsel« ersetzen. Dazu einfach einige Thymian-, Lorbeer- oder Rosmarinzweige zusammenbinden, in das Öl oder die Marinade tauchen und das Grillgut während des Grillens damit bestreichen.

Kleine Fleischstücke oder Spieße müssen schnell und möglichst nahe an der Glut gegart werden. Große Stücke müssen dagegen langsamer und bei geringerer Hitze, also in größerem Abstand zur Glut, gegrillt werden.

Die in den Rezepten für rotes Fleisch angegebenen Garzeiten sind so bemessen, dass das Fleisch nach dem Grillen innen noch nicht durchgebraten ist.

Würzen Sie das Fleisch zweimal mit Pfeffer: einmal, bevor Sie es auf den Rost legen, und einmal, nachdem es fertig gegart ist. Salzen sollten Sie es dagegen erst nach dem Garen – mit Fleur de sel* –, damit es nicht austrocknet und zäh wird.

Menüvorschläge

RUSTIKALES MENÜ

Côte de Bœuf / Rinderkoteletts 17
Folienkartoffeln 109
Gegrillter Camembert 129
Grüner Salat
Schoko-Bananen 145

KLASSISCHES MENÜ

Lammkeule im Kräutermantel 19
Gegrilltes Gemüse mit Fleur de sel 101
Caesar-Salat 125
Crottins am Spieß 134
Aprikosenspieße 142

GOURMET-MENÜ

Jakobsmuschelspieße 60
Gegrillter Hummer 64
oder Lachs mit »Tomateneiern« 77
Reissalat mit getrockneten Tomaten 119
Schwimmende Inseln*

LEICHTES MENÜ

Gefüllte Austern 59
Panierter Kabeljau 83
Champignonsalat mit Sesam 120
Äpfel mit Zimtbutter 150

SOMMERLICHES MENÜ

Thunfischspieße mit Chorizo 73
Gefüllte Sardinen 74
oder Rotbarben mit Salbei 75
Gefüllte Champignons 107
Grüner Salat
Pfirsiche mit Mandelfüllung 151

SPEZIALITÄTEN-MENÜ

Sauerkraut mit Grillfleisch 95
Folienkartoffeln 109
Gegrillter Vacherin*
Eiscremes und Sorbets

SAVOYER MENÜ

Käse-Cake-Spieße 137
Tartiflette »en papillote« 133
Grüner Salat
Quark mit Blaubeerkonfitüre

ITALIENISCHES MENÜ

Knusprige Mozzarellarollen 136
Kalbsschnitzel am Spieß 33
Tagliatelle
Tiramisu

INDISCHES MENÜ

Möhrensalat mit Rosinen und Walnüssen 115
Tandoori-Hähnchen 47
Basmatireis
Käse-Naans 132
Äpfel mit Zimtbutter 150

ASIATISCHES MENÜ

Garnelenspieße 69
Karamellisierte Schweinerippchen 37
Reissalat mit getrockneten Tomaten 119
oder Naturreis
Gegrillte Ananas mit Vanille 141
oder Mangosalat

EXOTISCHES MENÜ

Garnelenspieße 69
Seezungen auf tahitianische Art 76
Kreolischer Reis
Exotische Fruchtspieße 143

KINDERMENÜ 1

Bunte Wurstspieße 94
Folienkartoffeln 109
Käse-Naans 132
Schoko-Bananen 145

KINDERMENÜ 2

Die Königin der Pizzas 89
Hamburger 18
Pommes frites
Eiscreme

Rotes Fleisch

Côte de Bœuf / Rinderkoteletts

Für 6 Personen

2–4 Rinderkoteletts / Côte de Bœuf, je nach Größe, insgesamt ca. 2 kg
2 EL Sonnenblumenöl
2 EL Kräuter der Provence
frisch gemahlener Pfeffer
Fleur de sel*

Für die Sauce bordelaise:
4 Schalotten
200 ml Rotwein
Salz
Pfeffer
1 EL Crème double*
250 g Butter

Das Fleisch mindestens 2 Stunden vor der Zubereitung aus dem Kühlschrank nehmen, damit es sich auf Zimmertemperatur erwärmt.
Das Öl in einer kleinen Schüssel mit den Kräutern verrühren, das Fleisch mit einem Pinsel oder mit sauberen Händen mit der Mischung bestreichen und auf beiden Seiten mit Pfeffer würzen.
Die Koteletts anschließend auf den Rost legen und auf jeder Seite 7–10 Min. grillen.
Das Fleisch danach vom Rost nehmen, in Alufolie verpacken, vor dem Aufschneiden 5 Min. ruhen lassen und anschließend mit Fleur de sel* bestreuen.
Während das Fleisch gart, die Sauce zubereiten. Dazu die Schalotten fein hacken, mit dem Wein in eine kleine Kasserolle geben und mit wenig Salz und Pfeffer würzen. Das Ganze etwa 5 Min. einkochen lassen, bis der Wein verdunstet ist.
Die Crème double* bei geringer Hitze mit dem Schneebesen einrühren. Die Butter in kleinen Stücken unterschlagen, abschmecken und im Wasserbad warm halten.

Sophies Tipp

Ich serviere die Rinderkoteletts meist mit gedämpften Kartoffeln und einem Salat. ***Empfohlene Rotweine:*** *Côtes-de-Castillon, Saint-Émilion oder Chiroubles.*

Hamburger

Für 6 Personen

1 Zwiebel
900 g Rinderhackfleisch
70 g geriebener Greyerzer
1 EL gehackte Petersilie
1 TL Paprikapulver
Salz
Pfeffer
2 EL Sonnenblumenöl
6 Hamburgerbrötchen
50 g zerlassene Butter

Für die Garnitur:
12 Salatblätter
12 Tomatenscheiben
Ketchup
Mayonnaise (siehe S. 69)

Die Zwiebel schälen und in dünne Scheiben schneiden. Das Fleisch in einer Schüssel mit dem Greyerzer, der Zwiebel, der Petersilie und dem Paprika vermengen und mit Salz und Pfeffer würzen. 6 Buletten aus dem Teig formen und mit der Hand zu 1,5 cm dicken Hamburgern flachdrücken. Die Hamburger auf eine Platte legen, zudecken und 1 Stunde in den Kühlschrank stellen.
Die Hamburger anschließend mit dem Öl bestreichen, auf den Rost legen und auf jeder Seite 5–7 Min. grillen.
Die Brötchen aufschneiden und die Krume mit der zerlassenen Butter bepinseln. Die Hälften, 1 Min. bevor die Hamburger fertig gegart sind, mit der gebutterten Seite nach unten auf den Rost legen.
Die unteren Brötchenhälften jeweils mit 1 Salatblatt, 1 Tomatenscheibe und dem Fleisch belegen und etwas Ketchup und Mayonnaise daraufgeben. Mit 1 Salatblatt und 1 Tomatenscheibe abschließen, die obere Brötchenhälfte daraufsetzen und sofort servieren.

Sophies Tipp

Ich serviere die Hamburger meist mit Bratkartoffeln oder Pommes frites und einem Salat. ***Empfohlener Rotwein:*** *Gamay de Touraine.*

Lammkeule im Kräutermantel

Für 6 Personen

1 Milchlammkeule (2,4 kg)
Fleur de sel*

Für die Kräuterpanade:
12 EL Olivenöl
6 EL Paniermehl
2 EL Thymian
2 EL Oregano
2 EL gehackte Petersilie
frisch gemahlener Pfeffer

Für die süße Tomatensauce:
1 Zwiebel
2 EL Olivenöl
1 EL Zucker
2 EL Ahornsirup
1 kleine Dose stückige Tomaten (400 ml)
Salz
Pfeffer

Die Lammkeule mindestens 2 Stunden vor der Zubereitung aus dem Kühlschrank nehmen, damit sich das Fleisch auf Zimmertemperatur erwärmt.
In einer kleinen Schüssel das Öl mit dem Paniermehl und den Kräutern verrühren und mit Pfeffer würzen. Die Lammkeule mit einem Pinsel oder mit sauberen Händen mit der Panade einstreichen. Dabei etwas Panade zurückbehalten.
Die Keule auf den Rost legen und etwa 60–90 Min. garen. Die Keule dabei laufend wenden und mit der restlichen Panade betreichen.
Das Fleisch anschließend vom Rost nehmen, in Alufolie wickeln, vor dem Aufschneiden 10 Min. ruhen lassen und anschließend mit Fleur de sel* bestreuen.
Während die Lammkeule gart, die Sauce zubereiten. Dazu die gehackte Zwiebel 2 Min. bei geringer Hitze im Öl andünsten. Den Zucker und danach den Ahornsirup unterrühren, die Tomatenstücke hinzufügen und die Sauce bei geringer Hitze köcheln lassen, bis das Fleisch fertig gegart ist.

Sophies Tipp

Ich serviere die Lammkeule gerne mit einem Püree aus grünen Bohnen oder Kartoffeln und Salat. ***Empfohlene Rotweine:*** *Côtes-du-Roussillon, Médoc oder Graves.*

Entrecôte mit Roquefort

Für 6 Personen

2 Entrecôtes (à 500 g)
2 EL Sonnenblumenöl
2 EL scharfer Senf
frisch gemahlener Pfeffer
Fleur de sel*

Für die Roquefortsauce:
150 g weiche Butter
150 g Roquefort
4 EL Cognac
Salz
Pfeffer

Das Fleisch mindestens 2 Stunden vor der Zubereitung aus dem Kühlschrank nehmen, damit es Zimmertemperatur annimmt.
In einer kleinen Schüssel das Öl mit dem Senf verrühren und mit Pfeffer würzen. Die Entrecôtes mit einem Pinsel oder mit sauberen Händen mit der Mischung einstreichen. Anschließend auf den Rost legen und 10–15 Min. garen. Das Fleisch dabei laufend wenden.
Die Entrecôtes danach vom Rost nehmen, in Alufolie verpacken, vor dem Aufschneiden. 5 Min. ruhen lassen und anschließend mit Fleur de sel* bestreuen.
Während das Fleisch gart, die Sauce zubereiten. Dazu die Butter in einer kleinen Schüssel mit dem zerkrümelten Roquefort zerdrücken, den Cognac hinzufügen und alles zu einer glatten Sauce verrühren. Zum Schluss mit Salz und Pfeffer abschmecken und die Entrecôtes damit bestreichen.

Sophies Tipp

Ich serviere die Entrecôtes gerne mit einem Nudelsalat oder einem Kartoffelgratin. ***Empfohlene Rotweine:*** *Saint-Émilion oder Cahors.*

Rinderlende mit Schalottensauce

Für 6 Personen

900 g Rinderlende
2 EL Sonnenblumenöl
frisch gemahlener Pfeffer
Fleur de sel*

Für die Schalottensauce:
10 Schalotten
Salz
Pfeffer
100 g Butter

Das Fleisch mindestens 2 Stunden vor der Zubereitung aus dem Kühlschrank nehmen, damit es Zimmertemperatur annimmt.
Die Lende mit einem kleinen Messer an vier Stellen einschneiden, damit sich das Fleisch beim Garen nicht zusammenzieht. Mit Öl einstreichen und mit Pfeffer würzen.
Das Fleisch auf den Rost legen, etwa 20 Min. garen und dabei laufend wenden. Die Rinderlende anschließend in Alufolie wickeln, vor dem Aufschneiden 5 Min. ruhen lassen und anschließend mit Fleur de sel* bestreuen.
Während das Fleisch gart, die Sauce zubereiten. Dazu die Schalotten schälen und sehr fein schneiden. Mit 5 EL Wasser in eine Kasserolle geben und bei geringer Hitze 5 Min. weich dünsten. Mit Salz und Pfeffer abschmecken, die Butter in kleinen Stücken unterrühren und die Sauce im Wasserbad warm halten.

Sophies Tipp

Ich serviere zu dieser Rinderlende meist mit Ratatouille gefüllte Champignons (siehe S. 107) oder ein Kartoffelpüree und einen Salat.
Empfohlene Rotweine: *Chinon, Cornas oder Hautes-Côtes-de-Nuits.*

Hackfleischbällchen am Spieß

Für 6 Personen

Für die Rinderhackbällchen:
1 Zwiebel
1 EL Olivenöl
500 g Rinderhackfleisch
1 EL gehackte Petersilie
1 TL gemahlener Kreuzkümmel
1 Ei
Salz
Pfeffer
50 g Paniermehl

Für die Lammhackbällchen:
1 Knoblauchzehe
500 g Lammschulter
50 g zerlassene Butter
1 EL gehacktes Koriandergrün
1 Ei
Salz
Pfeffer
50 g Paniermehl
gelbe und blaue Weintrauben

Die Zwiebel kleinschneiden und in einer Pfanne in dem Öl anbraten. Das Rinderhackfleisch in einer Schüssel mit der Zwiebel, der Petersilie, dem Kümmel und dem Ei vermengen und mit Salz und Pfeffer würzen.
Den Knoblauch schälen und fein schneiden. Das Lammfleisch in große Würfel schneiden und in der Küchenmaschine oder im Kutter hacken. Das Fleisch in einer Schüssel mit der zerlassenen Butter, dem Knoblauch, dem Koriander und dem Ei vermengen und mit Salz und Pfeffer abschmecken.
Aus den Fleischteigen jeweils 12 eiergroße Bällchen formen und im Paniermehl wenden.
Jeden Spieß mit 2 Rind- und 2 Lammfleischbällchen bestücken und dazwischen einige gelbe und blaue Weintrauben stecken. Die Spieße auf eine Platte legen, zudecken und 1 Stunde in den Kühlschrank stellen.
Die Spieße anschließend auf den Rost legen und etwa 5–8 Min. grillen. Die Spieße dabei laufend wenden.

Sophies Tipp

Ich serviere die Hackfleischbällchen gerne mit einem Couscous mit Kichererbsen, einem Zwiebelpüree und einem Ratatouille.
Empfohlene Weine: *Côtes-de-Provence Rosé, Tavel oder Boulaouane.*

Rinderfiletspieße

Für 6 Personen

900 g Rinderfilet

Für die Rotweinmarinade:
3 EL scharfer Senf
2 EL Sonnenblumenöl
500 ml roter Burgunder
1 rote Zwiebel
1 Lorbeerblatt
1 Thymianzweig
Salz
Pfeffer

Für die Tomatensauce mit Rosinen:
1 kleine Dose stückige Tomaten (400 ml)
2 EL Zucker
3 EL Rosinen
Salz
Pfeffer
1 TL gemahlener Ingwer
1 Prise Piment d'Espelette*

Das Fleisch in 2 cm große Würfel schneiden und in eine Schale legen. Die Würfel mit Senf einstreichen, das Öl, den Wein, die fein geschnittene Zwiebel, das Lorbeerblatt und den fein geschnittenen Thymian hinzufügen, mit Salz und Pfeffer würzen und umrühren. Zudecken und 1 Stunde bei Zimmertemperatur marinieren lassen.
Das Fleisch anschließend abtropfen lassen und auf 6 Spieße verteilen. Die Spieße auf den Rost legen, 5–6 Min. grillen und dabei laufend wenden.
Während das Fleisch gart, die Sauce zubereiten. Dazu die Tomatenstücke mit dem Zucker und den Rosinen in eine Kasserolle geben und mit Salz und Pfeffer abschmecken. Das Ganze bei geringer Hitze köcheln lassen, bis die Spieße fertig sind. Zum Schluss den Ingwer und den Piment d'Espelette* hinzufügen und noch einmal abschmecken.
Die Sauce kann auch im Voraus zubereitet und kalt serviert werden.

Sophies Tipp

Zu den Hackfleischspießen serviere ich gerne grüne Bohnen, die ich mit einem Stückchen Butter kurz in der Pfanne sautiere, und einen grünen Salat. ***Empfohlene Rotweine:*** *Pomerol, Gigondas oder Côte Rotie.*

Hammelkoteletts am Spieß mit Pesto

Für 6 Personen

6 Hammelkoteletts (à 200 g)
oder 12 Lammkoteletts

Für das Pesto:
100 ml Olivenöl
1 kleines Bund Basilikum
2 Knoblauchzehen
60 g geriebener Parmesan
30 g Pinienkerne
Salz
Pfeffer

Das Öl, die Basilikumblätter, die geschälten Knoblauchzehen, den Parmesan und die Pinienkerne in die Küchenmaschine geben. Mit Salz und Pfeffer würzen und 30 Sekunden pürieren.
Die Hammelkoteletts in eine Schale legen, an vier Stellen einschneiden und auf beiden Seiten mit dem Pesto bestreichen. Zudecken und 1 Stunde bei Zimmertemperatur marinieren lassen.
Die Hammelkoteletts abtropfen lassen, jedes Kotelett auf einen Spieß stecken und die Spieße auf den Rost legen. Das Fleisch 10–15 Min. garen und dabei laufend wenden und mit dem Pesto bestreichen.

Sophies Tipp

Zu den Hammelkoteletts serviere ich meist Naturreis und einen grünen Salat. ***Empfohlene Rotweine:*** *Haut-Médoc oder Corbières.*

Schweinefleischspieße

Für 6 Personen

600 g Schweinefilet
18 entsteinte Backpflaumen
18 dünne Scheiben Räucher-
speck

Für die Portweinmarinade:
2 EL Sonnenblumenöl
50 ml Portwein
1 TL Bohnenkraut
Salz
Pfeffer

Das Fleisch in 24 Würfel mit 3 cm Seitenlänge schneiden. Die Pflaumen mit den Speckscheiben umwickeln und abwechselnd mit den Fleischwürfeln auf 6 Spieße stecken. Die Spieße anschließend in eine Schale legen.
In einer kleinen Schüssel das Öl mit dem Portwein und dem Bohnenkraut verrühren und mit Salz und Pfeffer würzen. Die Marinade über die Spieße gießen, zudecken und das Fleisch an einem kühlen Ort 1 Stunde marinieren lassen.
Die Spieße abtropfen lassen, auf den Rost legen und 15–20 Min. grillen.
Die Spieße dabei laufend wenden.

Sophies Tipp

Die Schweinefleischspieße eignen sich als Amuse-Gueule zum Aperitif. Dazu serviere ich einen alten Portwein.
Empfohlene Rotweine: *Bourgueil oder Fitou.*

Schweinenackenspieße

Für 6 Personen

6 Schweinenackenkoteletts

Für die Marinade und die Honig-Orangen-Sauce:
4 EL Honig
2 EL scharfer Senf
Saft von 2 Orangen
2 EL Sonnenblumenöl
4 EL Weinessig
1 Schalotte
1 Rosmarinzweig
Salz
Pfeffer

Die Koteletts in 3 cm große Würfel schneiden und in eine Schale legen.
Den Honig in einer kleinen Schüssel mit dem Senf, dem Orangensaft, dem Öl, dem Essig, der geschälten und fein geschnittenen Schalotte und dem zerbröckelten Rosmarin verrühren und mit Salz und Pfeffer würzen. Die Marinade über das Fleisch gießen, zudecken und 1 Stunde an einem kühlen Ort marinieren lassen.
Das Fleisch anschließend abtropfen lassen und die Marinade auffangen. Die Würfel auf 6 Spieße verteilen, die Spieße auf den Rost legen, 15–20 Min. grillen und dabei laufend wenden.
In der Zwischenzeit die restliche Marinade in einer Kasserolle um die Hälfte reduzieren und die Sauce bei sehr geringer Hitze warm halten.

Sophies Tipp

Die Schweinenackenspieße serviere ich meist mit Grieß oder Reis.
Empfohlener Weißwein: *Côtes-du-Jura.*

Kalbsschnitzel am Spieß

Für 6 Personen

6 Kalbsschnitzel
Salz
Pfeffer
6 dünne Scheiben Bayonne-Schinken
125 g Mozzarella
12 Cocktailtomaten
2 EL Olivenöl

Die Kalbsschnitzel mit dem Nudelholz flachrollen und mit Salz und Pfeffer würzen.
Auf jedes Schnitzel eine Schinkenscheibe und eine Scheibe Mozzarella legen.
Die Schnitzel aufrollen, auf Spieße stecken und an die Enden jeweils eine Cocktailtomate stecken. Die Schnitzel mit Olivenöl bestreichen und 20 Min. grillen. Die Spieße dabei laufend wenden.

Sophies Tipp

Ich serviere die Kalbsschnitzel am Spieß gerne mit einer süßen Tomatensauce (siehe S. 19) und Tagliatelle.
***Empfohlener Rotwein:** Côtes-du-Rhône.*

Kaninchenfleischspieße

Für 6 Personen

6 Kaninchenrücken
1 kg kleine festkochende Kartoffeln
1 Aubergine
6 EL Olivenöl
Fleur de sel*

Für die Zitronen-Senf-Marinade:
1 TL scharfer Senf
4 EL Olivenöl
Saft von 1 Zitrone
1 Thymianzweig
Salz
Pfeffer

Die Kaninchenrücken vierteln und in eine Schale legen.
In einer kleinen Schüssel den Senf mit dem Öl, dem Zitronensaft und dem zerbröckelten Thymian verrühren und mit Salz und Pfeffer würzen. Die Marinade über das Fleisch gießen, zudecken und 1 Stunde an einem kühlen Ort marinieren lassen.
In der Zwischenzeit die Kartoffeln waschen und 10 Min. dämpfen oder in Wasser kochen. Abgießen und abkühlen lassen.
Die Aubergine in dünne Scheiben schneiden und 5 Min. bei mittlerer Hitze in einer Pfanne in dem Olivenöl anbraten. Gegebenenfalls noch etwas Öl nachgießen. Die Auberginenscheiben anschließend abtropfen lassen und mit Küchenpapier trockentupfen.
Das Fleisch abtropfen lassen und die Marinade auffangen. Die Fleischstücke abwechselnd mit den Kartoffeln und den Auberginenscheiben auf 6 Spieße stecken.
Die Spieße auf den Rost legen, 15 Min. grillen und dabei laufend wenden und mit der Marinade bestreichen. Die fertigen Spieße mit Fleur de sel* bestreuen.

Sophies Tipp

Zu den Kaninchenfleischspießen serviere ich gerne einen Feldsalat.
Empfohlene Weine: *Côtes-de-Baye blanc oder Morey-Saint-Denis rouge.*

Kalbskoteletts mit Estragonsauce

Für 6 Personen

2 Kalbskoteletts (à 1 kg)
2 EL Sonnenblumenöl
Pfeffer
Fleur de sel*

Für die Estragonsauce:
3 Estragonzweige
125 g weiche Butter
150 g Crème double*
Salz
Pfeffer

Das Fleisch mindestens 2 Stunden vor der Zubereitung aus dem Kühlschrank nehmen, damit es sich auf Zimmertemperatur erwärmt.
Die Koteletts mit einem Pinsel oder mit sauberen Händen auf beiden Seiten mit dem Öl einreiben und mit Pfeffer würzen.
Die Estragonblätter sehr fein schneiden und unter die Butter mengen.
Die Kalbskoteletts auf den Rost legen und auf jeder Seite etwa 15 Min. grillen.
Das Fleisch anschließend vom Rost nehmen, in Alufolie einschlagen, vor dem Aufschneiden 5 Min. ruhen lassen und anschließend mit Fleur de sel* bestreuen.
In der Zwischenzeit die Sauce zubereiten. Dazu die Estragonbutter in einer Kasserolle zerlassen, die Crème double* einrühren, mit Salz und Pfeffer abschmecken und 2 Min. bei geringer Hitze köcheln lassen.

Sophies Tipp

Ich serviere die Kalbskoteletts meist mit sautierten Champignons oder in Butter gebratenen Apfelspalten.
Empfohlene Weine: *Saint-Estèphe, Bourgeuil rouge oder Pinot blanc.*

Karamellisierte Schweinerippchen

Für 6 Personen

2 kg Schweinerippchen

Für die Barbecue-Marinade:
5 EL flüssiger Honig
1 Knoblauchzehe
Saft von 1 Zitrone
4 EL Sojasauce
1 EL Worcestersauce
6 EL Ketchup
1 EL Streuzucker
4 EL Sherry
1 EL Fünf-Gewürze-Pulver*

In einer kleinen Schüssel den Honig mit der geschälten und zerdrückten Knoblauchzehe, dem Zitronensaft, der Soja- und der Worcestersauce, Ketchup, Zucker, Sherry und dem Fünf-Gewürze-Pulver* verrühren.
Die Rippchen in eine Schale legen und mit einem Pinsel auf beiden Seiten mit der Marinade bestreichen. Zudecken und 1 Stunde an einem kühlen Ort marinieren lassen.
Das Fleisch anschließend abtropfen lassen und die Marinade auffangen. Die Rippchen auf den Rost legen und 45 Min. grillen. Dabei laufend wenden und mit der Marinade bestreichen.

Sophies Tipp

Zu den Schweinerippchen serviere ich weißen Reis.
Empfohlener Rotwein: *Costière-de-Nîmes.*

Zweierlei Kalbfleischspieße

Für 6 Personen

600 g gehacktes Kalbfleisch
1 Eigelb
2 EL Sesamkörner
1 Zwiebel
Salz
Pfeffer
600 g Kalbsunterschale

Für die Armagnac-Marinade:
1 Zwiebel
1 Knoblauchzehe
5 cl Armagnac
1 TL Majoran
Salz
Pfeffer

Das gehackte Kalbfleisch in einer Schüssel mit dem Eigelb, den Sesamkörnern und der geschälten, fein gehackten Zwiebel vermengen. Mit Salz und Pfeffer abschmecken und 12 eiergroße Bällchen aus der Masse formen. Die Bällchen auf 3 Spieße stecken, auf eine Platte legen, zudecken und 1 Stunde in die Gefriertruhe stellen.
Die Unterschale in 12 Würfel mit 3 cm Seitenlänge schneiden und in eine Schale legen. In einer kleinen Schüssel die geschälte und fein gehackte Zwiebel mit dem geschälten und zerdrückten Knoblauch, dem Armagnac und dem Majoran mischen und mit Salz und Pfeffer würzen. Die Marinade über die Fleischwürfel gießen, zudecken und das Fleisch 1 Stunde an einem kühlen Ort marinieren lassen. Anschließend abtropfen lassen und die Fleischwürfel auf 3 Spieße verteilen. Alle Spieße auf den Rost legen und 10 Min. grillen. Die Spieße dabei immer wieder wenden.

Sophies Tipp

Dazu serviere ich gerne einen Nudelsalat mit Zucchini (siehe S. 113).
***Empfohlener Rotwein:** Bandol.*

Schweinekarree

Für 6 Personen

1 Schweinekarree (1,2 kg), ohne Knochen
1 EL scharfer Senf
4 EL Olivenöl
1 TL Paprikapulver
Saft von 1 Zitrone
1 Thymianzweig
Salz
Pfeffer

Für die Minzesauce:
1 kleine Zwiebel
etwa 10 Minzeblätter
2 Becher Joghurt (à 150 g)
1 Prise Zucker
Salz
Pfeffer

Das Fleisch in eine Schale legen. In einer kleinen Schüssel den Senf mit dem Öl, dem Paprikapulver, dem Zitronensaft und dem zerbröckelten Thymian verrühren und mit Salz und Pfeffer würzen. Das Fleisch rundherum mit der Mischung einstreichen, zudecken und 1 Stunde an einem kühlen Ort ruhen lassen.
Das Fleisch anschließend abtropfen lassen und die Marinade auffangen. Das Schweinekarree auf den Rost legen und 45 Min. grillen. Das Fleisch dabei laufend wenden und mit dem Senf bestreichen.
Das Schweinekarree danach vom Rost nehmen, in Alufolie einschlagen und vor dem Aufschneiden 5 Min. ruhen lassen.
Während das Fleisch gart, die Sauce zubereiten. Die Zwiebel schälen und fein hacken. Die Minzeblätter fein schneiden. In einer kleinen Schüssel Zwiebel, Joghurt, Zucker und Minze miteinander vermengen. Die Sauce mit Salz und Pfeffer abschmecken und bis zum Servieren kalt stellen.

Sophies Tipp

Die Minzesauce kann bereits im Voraus zubereitet werden. Das Schweinekarree serviere ich gerne mit einem libanesischen Tabouleh.*
***Empfohlene Rotweine:** Saint-Chinian, Corbières oder Coteaux Varois.*

Entenbrustspießchen

Für 6 Personen

3 Entenbrustfilets
weiße und blaue Weintrauben

Für die Preiselbeermarinade:
500 ml Rotwein (z. B. Madiran)
3 Knoblauchzehen
1 TL Fünf-Pfeffer-Mischung
4 EL Preiselbeerkompott
Pfeffer

Die Haut der Entenbrustfilets rautenförmig einschneiden.
Die Filets in eine Schale legen, den Wein, die geschälten und zerdrückten Knoblauchzehe, die Pfeffermischung und das Preiselbeerkompott hinzufügen, umrühren und mit Pfeffer abschmecken. Zudecken und 1 Stunde an einem kühlen Ort marinieren lassen.
Die Entenbrustfilets anschließend abtropfen lassen, 15 Min. grillen und dabei laufend wenden.
Die fertigen Entenbrüste in Streifen schneiden, auf Zahnstocher stecken und an jedes Ende eine weiße und eine blaue Traube stecken.

Sophies Tipp

Die Entenbrustspießchen reiche ich als Amuse-Gueule mit einem Chinon oder einem Bourgeuil zum Aperitif.
Empfohlene Rotweine: *Cahors, Madiran oder Saint-Joseph.*

Hähnchenunterkeulen mit Zitrusbutter

Für 6 Personen

24 Hähnchenunterkeulen

Für die Zitrusbutter:
Schale von 1 unbehandelten Zitrone
Schale von 2 unbehandelten Orangen
250 g weiche gesalzene Butter

Für die Zitrusmarinade:
Saft von 2 Zitronen
Saft von 2 Orangen
2 Msp. gemahlener Ingwer
Salz
Pfeffer

Für die Zitrusbutter die Zitrone und die Orangen dünn abschälen, die Schalen in sehr feine Juliennestreifen schneiden und 1 Min. in kochendem Wasser blanchieren. Abtropfen und abkühlen lassen. Die Zesten anschließend in einer kleinen Schüssel mit der Butter vermengen. Die Butter auf ein Stück Frischhaltefolie legen, zu einer Wurst aufrollen und bis zum Servieren in den Kühlschrank legen, damit sie wieder fest wird.
Die Hähnchenunterschenkel in eine Schale legen, mit dem Zitronen- und dem Orangensaft begießen, mit dem Ingwer bestreuen und mit Salz und Pfeffer würzen. Zudecken und 1 Stunde an einem kühlen Ort marinieren lassen.
Die Hähnchenschenkel anschließend abtropfen lassen, auf den Rost legen, 20 Min. grillen und dabei laufend wenden.
Die Zitrusbutter in Scheiben schneiden, auf die Hähnchenschenkel legen und sofort servieren.

Sophies Tipp

Die gegrillten Hähnchenschenkel serviere ich gerne mit einem mit Parmesanspänen bestreuten Salat aus grünen Bohnen.
***Empfohlene Rotweine:** Gigondas oder Pommard.*

Tandoori-Hähnchen

Für 6 Personen

1 Hähnchen (1,7 kg)
Salz
Pfeffer

Für die Tandoori-Marinade:
2 Päckchen Tandoori-Gewürz*
1 EL Sonnenblumenöl
3 Becher bulgarischer Naturjoghurt (à 150 g)
Saft von 1 Zitrone
3 Knoblauchzehen

Für die Cashewsauce:
3 Zwiebeln
90 g Cashewkerne
2 Msp. gemahlener Kreuzkümmel
2 EL Sonnenblumenöl
20 g Butter
Salz
Pfeffer

Das Hähnchen zerteilen, die Teile in eine Schale legen und mit wenig Salz und Pfeffer würzen.
Für die Marinade das Tandoori-Gewürz* in einer Schüssel mit dem Öl, dem Joghurt, dem Zitronensaft und den geschälten und zerdrückten Knoblauchzehen verrühren. Die Hähnchenteile in der Marinade wenden, zudecken und 1 Stunde an einem kühlen Ort marinieren lassen.
Das Fleisch anschließend abtropfen lassen und die Marinade auffangen. Die Teile auf den Rost legen, 20–30 Min. grillen und dabei laufend wenden und mit der Marinade begießen.
In der Zwischenzeit die Sauce zubereiten. Die Zwiebeln schälen und fein schneiden und in einer Pfanne mit den gehackten Cashewkernen und dem Kümmel in der heißen Öl-Butter-Mischung goldbraun braten. Mit Salz und Pfeffer abschmecken und anschließend bei sehr geringer Hitze warm halten.

Sophies Tipp

Das Tandoori-Hähnchen serviere ich gerne mit einem Gemüsefrikassee aus in Olivenöl angebratenen Zwiebeln, Zucchini, Auberginen, Blumenkohl und Tomaten. ***Empfohlene Rotweine:*** *Côtes-de-Nuits-Villages oder Madiran.*

Wachteln am Spieß

Für 6 Personen

12 Wachteln
36 schwarze Oliven
36 Scheiben scharfe oder
milde Chorizo
1 Bund Thymian

Für die Tapenade:
200 g entsteinte schwarze Oliven
100 g Sardellenfilets in Öl
100 g Kapern
2 Knoblauchzehen
4 EL Olivenöl
Pfeffer

Für die Tapenade die Oliven mit den abgetropften Sardellenfilets, den abgetropften Kapern und den geschälten Knoblauchzehen im Mixer pürieren. Den Mixer herunterschalten und das Öl langsam einlaufen lassen. Mit Pfeffer würzen, aber keinesfalls salzen.
Die Wachteln mit der Tapenade bestreichen, zudecken und 1 Stunde an einem kühlen Ort marinieren lassen.
Die Wachteln anschließend abtropfen lassen und die Marinade dabei auffangen.
3 Spieße in jede Wachtel stecken und die Spitzen mit den schwarzen Oliven und den Chorizoscheiben garnieren. Einige Thymianzweige in die Wachteln stecken.
Die Wachteln auf den Rost legen, 30 Min. garen und dabei laufend wenden und mit der Tapenade beträufeln.

Sophies Tipp

Zu den Wachteln serviere ich meist eine Polenta.
***Empfohlene Rotweine:** Saint-Joseph oder Mercurey.*

Hähnchenbrustspieße mit Apfel

Für 6 Personen

1 kg Hähnchenbrüste
4 Äpfel (Golden Delicious)
Salz
Pfeffer

Für die Calvados-Marinade und die Sauce:
300 g flüssige Crème fraîche*
2 EL Calvados
2 Estragonzweige
Salz
Pfeffer

Die Hähnchenbrüste in 3 cm große Würfel schneiden. Die Äpfel schälen und ebenfalls in 3 cm große Würfel schneiden. Das Fleisch und die Äpfel in eine Schale legen, mit Salz und Pfeffer würzen, mit der Crème fraîche* und dem Calvados begießen und mit den Estragonblättern bestreuen. Umrühren, zudecken und mindestens 1 Stunde im Kühlschrank marinieren lassen.
Das Fleisch und die Äpfel anschließend abtropfen lassen und die Marinade dabei auffangen. Die Fleisch- und die Apfelwürfel abwechselnd auf 6 Spieße stecken, die Spieße auf den Rost legen, 10 Min. grillen und dabei laufend wenden.
In der Zwischenzeit die restliche Marinade in einer Kasserolle bei geringer Hitze um die Hälfte reduzieren. Mit Salz und Pfeffer abschmecken und die heiße Sauce über die fertig gegrillten Spieße gießen.

Sophies Tipp

Zu den Hähnchenbrustspießen serviere ich gerne sautierte Champignons oder geschmorten Chicorée. ***Empfohlener Rotwein:*** *Vacqueyras. Dazu passt aber auch ein trockener Cidre.*

Gefüllte Putenschnitzel am Spieß

Für 6 Personen

6 Putenschnitzel
Salz
Pfeffer
1 Aubergine
6 EL Olivenöl
2 große Tomaten
12 dünne Scheiben Frühstücksspeck
Öl

Für die Paprikasauce:
1 Zwiebel
1 rote Paprikaschote
2 EL Olivenöl
1 kleine Dose stückige Tomaten (400 ml)
Salz
Pfeffer
10 Basilikumblätter

Die Putenschnitzel mit dem Nudelholz flachrollen und mit Salz und Pfeffer würzen.
Die Aubergine in dünne Scheiben schneiden und in einer Pfanne 5 Min. bei geringer Hitze im Olivenöl anbraten. Gegebenenfalls noch etwas Öl nachgießen. Die Auberginenscheiben anschließend abtropfen lassen und mit Küchenpapier trockentupfen.
Die Tomaten ebenfalls in dünne Scheiben schneiden.
Auf jedes Schnitzel zwei Auberginenscheiben, 2 Tomatenscheiben und 2 Scheiben Frühstücksspeck legen. Die Schnitzel aufrollen und mit einem Spieß zustecken.
Die Schnitzel mit Öl bepinseln und 20 Min. unter laufendem Wenden auf dem Rost garen.
In der Zwischenzeit die Sauce zubereiten. Dazu die Zwiebel schälen und fein schneiden und die Paprikaschoten in Streifen schneiden. Die Zwiebel in einer Kasserolle im Öl anbraten. Die Tomatenstücke und die Paprikastreifen hinzufügen, mit Salz und Pfeffer abschmecken und bei geringer Hitze köcheln lassen, bis die Schnitzel gar sind. Unmittelbar vor dem Servieren das fein geschnittene Basilikum hinzufügen. Die Sauce kann bereits im Voraus zubereitet und heiß oder kalt serviert werden.

Sophies Tipp

Zu den gefüllten Putenschnitzeln serviere ich gerne ein Ratatouille oder einen Tomatensalat mit Silberzwiebeln und Basilikum.
Empfohlene Roséweine: *Côtes-de-Jura, Bandol oder Patrimonio.*

Gegrillter Putenbraten

Für 6 Personen

1 Putenbraten (900 g)
2 Eier
1 EL Sonnenblumenöl
Salz
Pfeffer

Für die Haselnusspanade:
125 g gemahlene Haselnüsse
1 Bund Kerbel

Den Braten mindestens 2 Stunden vor der Zubereitung aus dem Kühlschrank nehmen, damit er Zimmertemperatur annimmt.
Die Eier über einer Schale aufschlagen, das Öl hinzufügen, mit Salz und Pfeffer würzen und das Ganze mit einer Gabel verquirlen.
In einer zweiten Schale die gemahlenen Haselnüsse mit dem fein geschnittenen Kerbel mischen.
Den Putenbraten zunächst im Ei und danach in den Haselnüssen wenden, auf den Rost legen und unter laufendem Wenden 45 Min. garen.

Sophies Tipp

Den Putenbraten serviere ich gerne mit fein gewürfeltem, in Butter gedünstetem Gemüse (Möhren, weiße Rübchen, Lauch ...). ***Empfohlene Rotweine:*** *Saumur-Champigny, Chambolle-Musigny oder Sancerre.*

Putenkeulen

Für 6 Personen

2 Putenkeulen
4 Knoblauchzehen
6 EL Olivenöl
1 EL Kräuter der Provence
Salz
Pfeffer

Für die Tomatensauce mit Schalotten:
3 Schalotten
50 g Butter
50 g Mehl
2 kleine Dosen stückige Tomaten (à 400 ml)
3 EL Tomatenmark
5 EL Weinessig
1 EL Worcestersauce
1 EL Kräuter der Provence
2 Würfel Geflügelbrühe
Salz
Pfeffer

Die Putenkeulen mindestens 2 Stunden vor der Zubereitung aus dem Kühlschrank nehmen, damit sich das Fleisch auf Zimmertemperatur erwärmt.
Den Knoblauch schälen, vierteln und die Keime entfernen. Die Putenkeule mehrfach mit der Spitze eines Messers leicht einschneiden und die Knoblauchstückchen in die Löcher stecken.
In einer kleinen Schüssel das Öl mit den Kräutern verrühren, mit Salz und Pfeffer würzen und die Putenkeulen damit bestreichen. Das restliche Öl beiseitestellen.
Für die Sauce die Schalotten schälen, fein schneiden und 2 Min. in der heißen Butter anschwitzen. Das Mehl hinzufügen und 2 Min. rühren. Das Tomatenmark, die Tomatenstücke, den Essig, die Worcestersauce, die Kräuter und die Brühwürfel hinzufügen und 500 ml kochendes Wasser angießen. Mit Salz und Pfeffer würzen, umrühren und 30 Min. bei geringer Hitze ohne Deckel köcheln lassen. Die Sauce anschließend im Wasserbad warm halten.
Die Putenkeulen auf den Rost legen und 45 Min. garen. Dabei laufend wenden und mit dem restlichen Kräuteröl beträufeln.

Sophies Tipp

Ich serviere diese Putenkeulen gerne mit Kartoffel- oder Bohnenpüree.
Empfohlene Rotweine: *Marsannay oder Coteaux-des-Baux.*

Krustentiere

Gefüllte Austern

Für 6 Personen

2 Dutzend fleischige Austern

Für die Schalotten-Spinat-Butter:
2 Schalotten
etwa 20 Spinatblätter
80 g weiche Butter
Saft einer 1/2 Zitrone
Salz
Pfeffer

Die Schalotten schälen und fein hacken. Den Spinat waschen, die Stiele entfernen und die Blätter hacken.
In einer kleinen Schüssel die Butter mit dem Zitronensaft, den Schalotten und dem Spinat vermengen und mit Salz und Pfeffer abschmecken.
Die Austern öffnen und das Wasser abgießen.
Jede Auster mit 1 walnussgroßen Stück Butter füllen. Die Austern auf den Rost legen und 5 Min. grillen, bis die Butter Blasen wirft.

Sophies Tipp

Die gefüllten Austern eignen sich hervorragend zum Aperitif.
***Empfohlene Weißweine:** Muscadet, Riesling oder Pouilly-Fuissé.*

Jakobsmuschelspieße

Für 6 Personen

18 große Jakobsmuscheln
(mit oder ohne Rogen)
200 g Zuckerschoten

Für die Orangenmarinade und die Sauce:
Saft von 2 Orangen
Saft von 1 Zitrone
1 Knoblauchzehe
2 EL gehackte Petersilie
Salz
Pfeffer
80 g Butter

Die Jakobsmuscheln waschen und mit Küchenpapier trockentupfen.
Die Zuckerschoten waschen, abfädeln, 8 Min. dämpfen und abkühlen lassen.
Die Jakobsmuscheln mit den Zuckerschoten, dem Orangen- und dem Zitronensaft, der geschälten und zerdrückten Knoblauchzehe und der Petersilie in eine Schale geben und mit Salz und Pfeffer würzen. Zudecken und 1 Stunde im Kühlschrank marinieren lassen.
Die Jakobsmuscheln und die Zuckerschoten anschließend abtropfen lassen und die Marinade auffangen.
Für die Sauce die Marinade in einer Kasserolle bei starker Hitze um die Hälfte reduzieren. Die Butter in kleinen Stücken bei geringer Hitze einrühren, mit Salz und Pfeffer abschmecken und die Sauce im Wasserbad warm halten.
Jedes Jakobsmuschelnüsschen mit 1 Zuckerschote umwickeln und jeweils 3 Jakobsmuscheln auf jeden Spieß stecken. Die Spieße auf den Rost legen, 3 Min. grillen und dabei laufend wenden.

Sophies Tipp

Zu den Jakobsmuschelspießen serviere ich gerne Naturreis oder einen Nudelsalat mit Zucchini (siehe S. 113).
Empfohlene Weißweine: *Muscadet sur lie oder Graves.*

Scampispieße mit Räucherspeck

Für 6 Personen

18 Scampi
18 dünne Scheiben Gouda
18 dünne Scheiben Räucher-speck
12 Lorbeerblätter

Für das Kräuteröl:
6 EL Olivenöl
1 Thymianzweig
1 Rosmarinzweig
Salz
Pfeffer

Die rohen Scampi schälen, dann zunächst mit 1 Scheibe Gouda und danach mit 1 Scheibe Speck umwickeln und jeweils 3 Scampi, abwechselnd mit 1 Lorbeerblatt, auf jeden Spieß stecken.
Die Spieße in eine Schale legen, mit dem Öl begießen. Den Thymian und den Rosmarin zerbröckeln und darüberstreuen. Mit Salz und Pfeffer würzen, zudecken und 15 Min. im Kühlschrank marinieren lassen.
Die Spieße anschließend abtropfen lassen, auf den Rost legen und unter laufendem Wenden etwa 5 Min. grillen.

Sophies Tipp

Zu den Scampispießen serviere ich meist mit Knoblauch eingeriebene, mit Olivenöl beträufelte und mit Tomatenwürfeln bestreute Toasts und einen Salat. ***Empfohlene Weißweine:*** *Chablis, Meursault oder Muscadet.*

Gegrillter Hummer

Für 6 Personen

3 lebende weibliche Hummer (à 500 g)
30 g zerlassene Butter
6 EL Olivenöl
Salz
Pfeffer

Für die Estragon-Hollandaise:
Salz
Pfeffer
250 g Butter
3 Eigelb
1 Spritzer Zitronensaft
1 EL frisch gehackter Estragon

Die Hummer 3 Min. in kochendes Wasser geben, abtropfen lassen und halbieren. Die Scheren aufbrechen.
Die Hummerhälften mit dem Panzer nach unten in eine Schale legen und das Fleisch mit der Butter und dem Öl bestreichen. Mit Salz und Pfeffer würzen, die Hummer abtropfen lassen und das Fett auffangen.
Die Hummer auf den Rost legen und 20 Min. grillen. Dabei laufend wenden und mit der Butter-Öl-Mischung bestreichen.
Inzwischen die Sauce zubereiten. Dazu 3 EL Wasser in eine Kasserolle geben und mit Salz und Pfeffer würzen. Die Kasserolle in ein Wasserbad stellen und bei geringer Hitze erwärmen. Die Butter in einer zweiten Kasserolle zerlassen, ohne sie zu erhitzen. In einer kleinen Schüssel die Eigelbe mit 1/2 EL Wasser verquirlen. Das Eigelb in das lauwarme Wasser in der Kasserolle gießen und so lange mit einem Schneebesen schlagen, bis es eine cremige Konsistenz angenommen hat. Die zerlassene Butter und den Zitronensaft hinzufügen und dabei laufend weiterschlagen. Zum Schluss nochmals 1 EL Wasser einrühren. Den Estragon hinzufügen, die Sauce mit Salz und Pfeffer abschmecken und im Wasserbad warm halten.

Sophies Tipp

Den gegrillten Hummer serviere ich mit Naturreis.
***Empfohlene Weißweine:** Pouilly-Fuissé, Savennières oder Chardonnay.*

Gefüllte Taschenkrebse

Für 6 Personen

6 frisch gekochte Taschenkrebse
2 EL gehackte Petersilie
50 g geriebener Greyerzer
25 g zerlassene Butter

Für die Mornaysauce:
40 g Butter
40 g Mehl
500 ml Milch
Salz
Pfeffer
1 Prise Muskat
70 g geriebener Greyerzer
2 Eigelb
1 EL Milch
2 EL Crème double*
1 Prise Cayennepfeffer

Die Scheren und die Beine der Krebse abtrennen und das Fleisch herauslösen. Anschließend das Fleisch, die Eierstöcke und die Leber aus dem Panzer herauslösen und die Knorpel entfernen. Das Fleisch sehr fein schneiden und mit der Petersilie vermengen.
Die Panzer waschen und trocknen.
Für die Sauce die Butter bei geringer Hitze in einer Kasserolle zerlassen. Das Mehl hinzufügen und das Ganze rasch glattrühren, ohne dass es Farbe annimmt. 500 ml heiße Milch angießen und so lange mit dem Schneebesen rühren, bis die Mischung eindickt. Mit Salz, Pfeffer und Muskat würzen, den Käse hinzufügen und so lange rühren, bis er geschmolzen ist. Die Eigelbe mit 1 EL Milch verquirlen, den Topf vom Herd nehmen und das verquirlte Eigelb einrühren. Den Topf wieder auf den Herd stellen und die Sauce langsam zum Kochen bringen. Den Topf danach wieder vom Herd nehmen, die Crème double* einrühren und die Sauce mit Salz und Cayennepfeffer abschmecken.
Das Krabbenfleisch in die Sauce rühren und die Mischung in die Panzer gießen. Mit dem geriebenen Käse bestreuen und mit der zerlassenen Butter beträufeln. Die Panzer auf den Rost legen und etwa 30 Min. grillen.

Sophies Tipp

Die gefüllten Taschenkrebse serviere ich mit einem grünen Salat.
Empfohlene Weißweine: *Muscadet oder Côtes-du-Roussillon.*

Miesmuschelspieße

Für 6 Personen

1 EL Olivenöl
100 ml Weißwein
1 EL gehackte Petersilie
1 kg Miesmuscheln
Salz
Pfeffer
400 g Champignons
1 EL Butter
Saft einer $^1/_2$ Zitrone
18 Knoblauchzehen
1 Ei
2 EL Paniermehl

Das Öl, den Wein und die Petersilie in einen Kochtopf geben und mit Salz und Pfeffer würzen. Aufkochen lassen und die gesäuberten Muscheln hineingeben. Den Deckel auflegen und die Muscheln etwa 4 Min. kochen, bis sie sich geöffnet haben. Abgießen, abkühlen lassen und anschließend das Fleisch aus den Schalen lösen.
Die Champignons kurz unter fließendem Wasser waschen. Die Stiele abschneiden. Die Köpfe 2 Min. bei starker Hitze in der Butter und dem Zitronensaft anbraten und danach beiseitestellen.
Die ungeschälten Knoblauchzehen 3 Min. in kochendem Wasser blanchieren und anschließend abtropfen lassen.
Das Ei über einem Suppenteller aufschlagen, leicht verquirlen und mit Salz und Pfeffer würzen. Das Paniermehl in einen zweiten Teller geben. Die Muscheln zunächst im Ei und dann im Paniermehl wenden und abwechselnd mit den Champignonköpfen und den Knoblauchzehen auf 6 Spieße stecken. Die Spieße auf den Rost legen und 3 Min. unter laufendem Wenden grillen.

Sophies Tipp

Zu den Miesmuschelspießen serviere ich meist Champignons, Bratkartoffeln und einen grünen Salat.
***Empfohlene Weißweine:** Muscadet, Sancerre oder Rully.*

Schneckenspieße

Für 6 Personen

150 g Landbrot
400 g Champignons
30 g Butter
4 Dutzend gekochte Weinberg-schnecken
Salz
Pfeffer

Für die Petersilienbutter:
1 Knoblauchzehe
1 Schalotte
60 g weiche Butter
1 EL gehackte Petersilie

Das Brot in Würfel schneiden (die Würfel sollten die Größe der Schnecken haben).
Die Champignons kurz unter fließendem Wasser waschen, die Stiele abschneiden und die Köpfe 2 Min. in einer Pfanne bei starker Hitze in der Butter anbraten.
Den Knoblauch und die Schalotte schälen und fein hacken. Die Butter in einer Schüssel mit der Petersilie, dem Knoblauch und der Schalotte vermengen, zudecken und in den Kühlschrank stellen.
Die Schnecken abwechselnd mit den Brotwürfeln und den Champignonköpfen auf 6 Spieße stecken und mit Salz und Pfeffer bestreuen.
Die Spieße auf den Rost legen und etwa 4 Min. unter laufendem Wenden grillen. Mit der Petersilienbutter servieren.

Sophies Tipp

Die Schneckenspieße serviere ich gerne als Amuse-Gueule mit einem guten roten Landwein zum Aperitif.
Empfohlene Weißweine: *Bourgogne Aligote oder Mâcon.*

Garnelenspieße

Für 6 Personen

12 Riesengarnelen
100 ml Olivenöl
2 EL Sojasauce
1/2 Bund Basilikum
Salz
Pfeffer

Für die Kräutermayonnaise:
2 zimmerwarme Eigelb
1 TL Dijon-Senf
300 ml Sonnenblumenöl
Salz
Pfeffer
2 EL gehackte Kräuter (Basilikum, Schnittlauch, Kerbel …)

Die Garnelen mit dem Öl, der Sojasauce und den fein geschnittenen Basilikumblättern in eine Schale geben, mit Salz und Pfeffer würzen und die Zutaten durchmischen. Zudecken und 1 Stunde in den Kühlschrank stellen.
Die Garnelen anschließend abtropfen lassen und die Marinade dabei auffangen. Jeweils 2 Garnelen auf jeden Spieß stecken, die Spieße auf den Rost legen, etwa 6 Min. grillen und dabei laufend wenden und mit der Marinade bestreichen.
In der Zwischenzeit die Mayonnaise zubereiten. Dazu die Eigelb in einer Schüssel kräftig mit dem Senf verrühren und danach 1 Min. ruhen lassen. Das Öl langsam einlaufen lassen und dabei laufend mit dem Schneebesen in einer Richtung rühren. Mit Salz und Pfeffer abschmecken und die Kräuter unterheben.

Sophies Tipp

Zu den Garnelenspießen serviere ich gerne einen Reissalat mit getrockneten Tomaten (siehe S. 119).
***Empfohlene Weißweine:** Riesling oder Bandol.*

Fisch

Thunfischspieße mit Chorizo

Für 6 Personen

600 g rotes Thunfischfilet
24 Scheiben milde oder scharfe Chorizo
1 Glas (300 g) getrocknete Tomaten

Für die Marinade und die Tomatensauce mit Sardellencreme:
1 kleine Dose stückige Tomaten (400 ml)
Saft und abgeriebene Schale von 1 unbehandelten Zitrone
2 Knoblauchzehen
2 Prisen Piment d'Espelette*
2 EL Kapern
4 Stängel Petersilie oder Koriander, gehackt
1 EL Sardellencreme*
Salz
Pfeffer

Den Thunfisch in 3 cm große Würfel schneiden und in eine Schale legen. Die Tomatenstücke, Zitronensaft und -schale, die geschälten und zerdrückten Knoblauchzehen, den Piment d'Espelette*, die Kapern, die Petersilie und die Sardellencreme* dazugeben, mit Salz und Pfeffer würzen und die Zutaten durchmischen. Zudecken und den Fisch 30 Min. im Kühlschrank marinieren lassen.
Die Thunfischwürfel anschließend abtropfen lassen und die Marinade dabei auffangen. Den Fisch abwechselnd mit den getrockneten Tomaten und der Chorizo auf 6 Spieße stecken. Die Spieße auf den Rost legen und etwa 3 Min. unter laufendem Wenden grillen.
In der Zwischenzeit die Sauce zubereiten. Dazu die Marinade in eine Kasserolle gießen und bei geringer Hitze köcheln lassen, bis die Spieße fertig sind. Die Sauce anschließend noch einmal mit Salz und Pfeffer abschmecken. Die Tomatensauce mit Sardellencreme* kann auch im Voraus zubereitet und kalt serviert werden.

Sophies Tipp

Zu den Thunfischspießen serviere ich gerne einen Tomatensalat mit geröstetem Landbrot (Poilâne-Brot).* ***Empfohlene Weine:*** *Côtes-de-Duras sec, Graves blanc, Côtes-de-Provence rosé oder Cheverny rouge.*

Gefüllte Sardinen

Für 6 Personen

18 frische Sardinen
2 EL flüssiger Honig
8 EL Rapsöl
Fleur de sel*
frisch gemahlener Pfeffer

Für die Champignonfarce:
3 Schalotten
300 g Champignons
1 EL Olivenöl
Salz
Pfeffer
1 Tomate
1 EL Kapern
2 EL milder, grobkörniger Senf
4 Stängel Petersilie, gehackt
10 Minzeblätter, gehackt
4 Scheiben Toastbrot, entrindet
200 ml Milch

Die Sardinen mit Küchenpapier trockenreiben, schuppen, ausnehmen, die Mittelgräte entfernen und die Fische auseinanderklappen.
Für die Farce die Schalotten schälen und fein schneiden. Den erdigen Stielansatz der Champignons abschneiden, die Pilze kurz unter fließendem kaltem Wasser waschen und anschließend hacken. Das Olivenöl in einer Pfanne erhitzen und die Pilze mit den Schalotten 2 Min. darin anbraten. Mit Salz und Pfeffer würzen, die gewürfelte Tomate, die Kapern, den Senf, die Petersilie und die Minze hinzufügen, umrühren und noch einmal abschmecken. Die Pfanne anschließend vom Herd nehmen. Das Brot in der Milch einweichen, ausdrücken und mit der Pilzmischung vermengen. Die Sardinen mit der Farce füllen und wieder zusammenklappen.
In einer kleinen Schüssel den Honig mit dem Rapsöl verrühren.
Die Sardinen auf jeder Seite etwa 4 Min. grillen und dabei laufend mit dem Honigöl bepinseln. Die Sardinen zum Schluss mit Fleur de sel* und frisch gemahlenem Pfeffer bestreuen.

Sophies Tipp

*Die gefüllten Sardinen serviere ich meist mit einem Ratatouille und Folienkartoffeln (siehe S. 109). **Empfohlene Weißweine:** Gros Plant, Juraçon sec oder Entre-deux-mers.*

Rotbarben mit Salbei

Für 6 Personen

12 kleine Rotbarben, geschuppt, aber nicht ausgenommen
12 Salbeiblätter
12 dünne Scheiben magerer durchwachsener Räucherspeck
10 EL Olivenöl
3 Msp. Curry
Fleur de sel*
frisch gemahlener Pfeffer

Für die Knoblauchcreme:
5 Knoblauchzehen
100 g Butter
5 EL Crème double*
Saft einer 1/2 Zitrone
2 EL Schnittlauchröllchen
Salz
Pfeffer

Die Rotbarben an drei Stellen leicht mit dem Messer einritzen. Jeweils 1 Salbeiblatt in die Einschnitte stecken und die Fische jeweils mit 1 Scheibe Räucherspeck umwickeln. Den Speck mit Zahnstochern feststecken.
In einer kleinen Schüssel das Öl mit dem Curry verrühren.
Für die Sauce den Knoblauch schälen und in eine Kasserolle pressen. Die Butter und die Crème double* hinzufügen, umrühren und das Ganze 3 Min. bei geringer Hitze köcheln lassen. Die Knoblauchcreme mit einem Löffel durch ein feines Sieb streichen. Die Creme wieder in die Kasserolle geben, den Zitronensaft und den Schnittlauch hinzufügen, mit Salz und Pfeffer abschmecken und anschließend in einem Wasserbad warm halten.
Die Rotbarben auf jeder Seite etwa 4 Min. grillen und dabei laufend mit dem Curryöl bepinseln. Die fertigen Fische mit Fleur de sel* und frisch gemahlenem Pfeffer bestreuen.

Sophies Tipp

Zu den Rotbarben serviere ich gerne gedämpfte Kartoffeln und geschmorten Chicorée. ***Empfohlene Roséweine:*** *Palette, Bandol oder Rosé de Provence.*

Seezungen auf tahitianische Art

Für 6 Personen

24 Seezungenfilets
Salz
Pfeffer
1 Prise Cayennepfeffer
1 Zwiebel
4 Knoblauchzehen
1 kleines Bund Petersilie
4 Zucchini

Für die Kokosmilchmarinade:
150 ml ungesüßte Kokosmilch
Saft von 5 Limetten

Die Seezungenfilets in eine Schale legen, mit Salz und Pfeffer würzen und mit dem Cayennepfeffer bestreuen. Die Zwiebel und den Knoblauch schälen und fein schneiden. Die Petersilie hacken und mit der Zwiebel und dem Knoblauch zu den Fischfilets geben. Die Kokosmilch und den Limettensaft darübergießen, zudecken und den Fisch 15 Min. im Kühlschrank marinieren lassen.
In der Zwischenzeit die Zucchini waschen, die Enden abschneiden und die Zucchini der Länge nach in 24 Streifen schneiden. Die Zucchinistreifen 5 Min. dämpfen oder 3 Min. in kochendem Salzwasser blanchieren. Anschließend unter fließendem kaltem Wasser abschrecken und abtropfen lassen.
Die Seezungenfilets abtropfen lassen und dabei die Marinade auffangen. Auf jedes Filet 1 Zucchinistreifen legen, die Filets aufrollen und jeweils 4 Seezungenröllchen auf jeden Spieß stecken.
Die Spieße auf den Rost legen und 3 Min. grillen. Dabei laufend wenden und mit der Marinade beträufeln.

Sophies Tipp

Die tahitianischen Seezungenfilets serviere ich gerne mit sautierten Zucchini. ***Empfohlene Weißweine:*** *Anjou, Vouvray oder Gewürztraminer.*

Lachs mit »Tomateneiern«

Für 6 Personen

6 Scheiben Lachs mit Haut
6 EL Olivenöl
3 Stängel Dill
6 Eier
100 g Lachsrogen
Fleur de sel*

Für die geschmolzenen Tomaten:
6 Tomaten
1 Schalotte
1 EL Olivenöl
Salz
Pfeffer

Für das Basilikumöl:
10 EL Olivenöl
Saft einer 1/2 Zitrone
5 Basilikumblätter
Salz

Das Öl in einer kleinen Schüssel mit der Hälfte des abgezupften Dills verrühren und den Lachs damit einstreichen.
Für das Basilikumöl das Olivenöl mit dem Zitronensaft und den fein geschnittenen Basilikumblättern verrühren und mit Salz würzen.
Für die geschmolzenen Tomaten die Tomaten 15 Sek. in kochendes Wasser legen. Die Schale abziehen, die Kerne entfernen und das Fruchtfleisch in Würfel schneiden. Die Schalotte schälen, fein hacken und im Olivenöl anbraten. Die Tomaten hinzufügen, mit Salz und Pfeffer würzen und 15 Min. bei geringer Hitze köcheln lassen. Die geschmolzenen Tomaten können kalt oder warm serviert werden.
Die Lachsscheiben mit der Hautseite nach unten auf den Rost legen und 5 Min. garen, bis sich das Fleisch rötlich färbt. Die Scheiben sollten in der Mitte fast roh bleiben. Den Lachs zum Schluss mit Fleur de sel* bestreuen.
In der Zwischenzeit die Eier wie weich gekochte Eier köpfen, ausleeren und die Schalen mit den geschmolzenen Tomaten und dem Lachsrogen füllen.
Auf jeden Teller etwas Basilikumöl geben, die Lachsscheiben darauf anrichten, leicht eindrücken, die Eierschalen daraufsetzen und mit dem restlichen Dill garnieren.

Sophies Tipp

Ich serviere diesen Lachs gerne mit in Butter geschwenkten Tagliatelle.
***Empfohlene Weißweine:** Pouilly-Fuissé oder Chassagne-Montrachet.*

Seeteufelspieße

Für 6 Personen

1 kg Seeteufel
1 kg Auberginen
1 kg Zucchini

Für die Erdnussbutter-marinade:
2 EL Erdnussbutter
150 ml Kokosmilch
2 EL flüssiger Honig
1 TL Currypulver
2 EL Sojasauce
Saft einer 1/2 Zitrone
1 EL Sonnenblumenöl
Salz
Pfeffer

Den Seeteufel, die Auberginen und die Zucchini in 3 cm große Würfel schneiden und in eine Schale geben. Die Erdnussbutter in einer Schüssel mit der Kokosmilch, Honig, Curry, Sojasauce, Zitronensaft und dem Öl verrühren und mit Salz und Pfeffer würzen. Die Marinade über den Fisch und das Gemüse gießen, die Zutaten durchmischen, zudecken und 30 Min. in den Kühlschrank stellen.
Den Fisch und das Gemüse anschließend abtropfen lassen und die Marinade dabei auffangen. Fisch und Gemüse abwechselnd auf 6 Spieße stecken. Die Spieße auf den Rost legen und 6 Min. grillen. Dabei laufend wenden und mit der Marinade beträufeln.

Sophies Tipp

Zu den Seeteufelspießen serviere ich meist einen Rucolasalat.
***Empfohlene Weißweine:** Côte-du-Rhône oder Meursault.*

Seeteufel-Garnelen-Spieße

Für 6 Personen

1 kg Seeteufel (Lotte)
1 große Stange Lauch
30 frische Tiefseegarnelen

Für die Zwiebel-Zitronen-Marinade:
6 EL Olivenöl
Saft einer Zitrone
12 Silberzwiebeln, geschält und fein geschnitten
5 Basilikumblätter, fein geschnitten
1 kleines Bund Kerbel, fein geschnitten
Salz
Pfeffer

Den Seeteufel in 3 cm große Würfel schneiden.
Die grünen Teile des Lauchs abschneiden, unter fließendem kaltem Wasser waschen und 1 Min. in kochendem Wasser blanchieren. Die Blätter anschließend der Länge nach in 24 schmale Streifen schneiden.
Auf jeden Spieß abwechselnd 4 Fischwürfel und 5 Garnelen stecken. Die Seeteufelwürfel mit den Lauchstreifen umwickeln und die Streifen verknoten. Jeden Spieß auf ein Stück Alufolie (30 x 30 cm) legen, jeweils 1 EL Öl, etwas Zitronensaft, Zwiebel und fein geschnittene Kräuter hinzufügen und mit Salz und Pfeffer würzen. Die Alufolie verschließen und die Spieße 15 Min. in den Kühlschrank legen.
Die Spieße anschließend 10 Min. in der Folie grillen.

Sophies Tipp

Die Seeteufel-Garnelen-Spieße serviere ich gerne mit Safranreis oder geschmolzenem Lauch. ***Empfohlene Weißweine:*** *Muscadet oder Bourgogne Aligoté.*

Panierter Kabeljau

Für 6 Personen

2 Eier
1 EL Sonnenblumenöl
Salz
Pfeffer
6 handgroße Scheiben
Kabeljaufilet

Für die Kokospanade:
80 g Paniermehl
40 g Kokosraspel

Die Eier über einem Suppenteller aufschlagen, das Öl hinzufügen, mit Salz und Pfeffer würzen und die Zutaten kräftig mit dem Schneebesen verrühren. In einem zweiten Suppenteller das Paniermehl mit den Kokosraspeln mischen. Den Kabeljau zunächst im Ei und anschließend im Paniermehl wenden, auf den Rost legen und auf jeder Seite 2 Min. grillen.
Mit Zitronenschnitzen servieren.

Sophies Tipp

*Zum panierten Kabeljau serviere ich gerne einen Champignonsalat mit Sesam (siehe S. 120). **Empfohlene Weißweine:** Cassis oder Hermitage.*

Wurst

Blutwurst-Apfel-Spieße

Für 6 Personen

2 Äpfel (Renette)
18 kleine Blutwürste
18 kleine Weißwürste
12 Scheiben milde oder scharfe Chorizo
6 EL Sonnenblumenöl
Pfeffer

Für das Zwiebelkompott:
5 Zwiebeln
80 g Butter
2 EL Sonnenblumenöl
Salz
Pfeffer

Für das Zwiebelkompott die Zwiebeln schälen und fein schneiden. Die Butter und das Öl in einer Kasserolle erhitzen und die Zwiebeln bei geringer Hitze darin weich dünsten. Mit Salz und Pfeffer abschmecken und weitere 30 Min. bei sehr geringer Hitze köcheln lassen. Das Zwiebelkompott kann bereits im Voraus zubereitet und warm oder kalt serviert werden.
In der Zwischenzeit die Äpfel schälen und in 3 cm große Würfel schneiden.
Die Blutwürste und die Weißwürste abwechselnd mit den Chorizoscheiben und den Apfelwürfeln auf 6 Spieße stecken. Die Spieße auf den Rost legen und 6 Min. grillen. Dabei laufend wenden und mit etwas Öl bepinseln.
Mit Pfeffer würzen und mit dem Zwiebelkompott servieren.

Sophies Tipp

Zu den Blutwurstspießen serviere ich meist ein Kartoffelpüree und einen Salat aus jungem Spinat. ***Empfohlene Weine:*** *Bourgueil rouge oder Montagne-Saint-Émilion rouge. Dazu passt aber auch gut ein Cidre.*

Hotdogs

Für 6 Personen

6 Knackwürste
6 Scheiben Greyerzer
6 Vollkornbrötchen
20 g zerlassene Butter

Die Würste der Länge nach so halbieren, dass sie an einer Seite noch zusammenhängen. Mit dem Käse füllen und an jedem Ende mit Küchengarn zusammenbinden.
Die Würste 8 Min. grillen und dabei laufend wenden. Anschließend das Küchengarn entfernen.
Die Brötchen halbieren, mit der zerlassenen Butter bepinseln, 1 Min. auf den Rost legen und anschließend mit den Würsten füllen.
Sofort mit Senf, Ketchup oder Mayonnaise servieren.

Sophies Tipp

Zu den Hotdogs passen am besten Pommes frites.
Empfohlener Rotwein: *Beaujolais.*

Die Königin der Pizzas

Für 6 Personen

4 Champignons
100 g Frühstücksspeck oder
Schinken
1 EL Olivenöl
1 kleine Dose passierte Tomaten
(400 ml)
Salz
Pfeffer
1 Msp. Oregano
1 Portion fertiger Pizzateig
250 g Mozzarella

Die erdigen Stielenden der Champignons abschneiden, die Pilze kurz unter fließendem kaltem Wasser waschen und fein schneiden. Den Frühstücksspeck oder den Schinken klein schneiden. Das Öl in einer Pfanne erhitzen und die Champignons bei starker Hitze 1 Min. darin anbraten. Den Frühstücksspeck hinzufügen und 1 Min. mitbraten. Die Wärmezufuhr verringern, die Tomatensauce hinzufügen, umrühren und mit Salz, Pfeffer und Oregano würzen.
Den Pizzateig ausrollen, auf den Rost legen und 3 Min. rösten, bis er unten leicht gebräunt ist. Anschließend umdrehen und etwa 1 Min. auf der anderen Seite rösten. Mit dem in Scheiben geschnittenen Mozzarella belegen und die Champignonmischung darauf verteilen. Die Pizza nochmals etwa 5 Min. grillen und sofort servieren.

Sophies Tipp

Die Pizza reiche ich gerne in Stücke geschnitten mit einem frischen Roséwein zum Aperitif. ***Empfohlener Wein:*** *Faugères rosé. Ein gutes, süffiges Bier passt aber ebenso gut dazu.*

Gegrillte Andouillettes

Für 6 Personen

4 EL scharfer Senf
4 EL Sonnenblumenöl
Salz
Pfeffer
6 Andouillettes*
80 g Paniermehl

Für die Senfsauce:
3 Schalotten
200 ml Weißwein (z. B. Aligoté)
3 EL Meaux-Senf*
200 g Crème double*
Salz
Pfeffer

In einer kleinen Schüssel den Senf mit dem Sonnenblumenöl verrühren und mit Salz und Pfeffer würzen. Die Würste mit einer Gabel einstechen, mit der Senf-Öl-Mischung bestreichen und im Paniermehl wenden.
Die Würste auf den Rost legen, 20 Min. grillen und dabei laufend wenden.
In der Zwischenzeit die Sauce zubereiten. Dazu die Schalotten schälen, fein schneiden und in eine Kasserolle geben. Den Weißwein angießen und das Ganze so lange bei geringer Hitze reduzieren, bis die Flüssigkeit vollständig verdunstet ist. Den Senf und die Crème double *einrühren und die Sauce nochmals 2 Min. einkochen lassen. Mit Salz und Pfeffer abschmecken und sofort servieren oder im Wasserbad warm halten.

Sophies Tipp

Zu den gegrillten Andouillettes serviere ich gerne Bratkartoffeln und gebratene Champignons oder ein Kartoffelgratin.*
Empfohlener Wein: *Mâcon (rot oder weiß).*

Bunte Wurstspieße

Für 6 Personen

4 Chipolatas*
4 Merguez-Würste*
4 Frankfurter Würstchen

Für die Weißweinmarinade:
1 Zwiebel
1 Möhre
5 Lorbeerblätter
2 Gewürznelken
10 Pfefferkörner
1 Liter Weißwein

Die Zwiebel schälen und vierteln. Die Möhre schaben und in Scheiben schneiden. Die Würste dritteln. Die Zwiebel mit der Möhre, den Lorbeerblättern, den Nelken und dem Pfeffer in eine Sauteuse geben. Die Würste hinzufügen, den Wein angießen und das Ganze 5 Min. bei mittlerer Hitze köcheln lassen. Den Topf vom Herd nehmen und die Würste abkühlen lassen. Die Würste können bereits am Vortag zubereitet werden.
Die Würste anschließend abtropfen lassen und abwechseln auf 6 Spieße stecken. Die Spieße auf den Rost legen und 5 Min. unter laufendem Wenden grillen.

Sophies Tipp

Zu den Wurstspießen passt am besten ein Kartoffelsalat mit Schalotten (siehe S. 114). Außerdem serviere ich dazu verschiedene Senfsorten.
Empfohlener Weißwein: *Cheverny.*

Sauerkraut mit Grillfleisch

Für 6 Personen

3 Knackwürste
Mehl
100 g Schweineschmalz
1,5 kg gekochtes Sauerkraut
1 kg geräucherte Schweine-
schulter
300 g gepökelter Schweinebauch
2 Schweinshaxen
2 Liter Riesling
6 dünne Scheiben Räucherspeck
1 Thymianzweig
Salz
frisch gemahlener Pfeffer

Die Knackwürste in Mehl wenden und mit einer Gabel einstechen. Das Schweineschmalz in einem Kochtopf zerlassen und die Hälfte des Sauerkrauts dazugeben. Die in Scheiben geschnittene Schweineschulter, den Schweinebauch, die halbierten Schweinshaxen und die Würste darauflegen und das restliche Sauerkraut darauf verteilen. Den Wein angießen, das Ganze etwa 1 Stunde bei mittlerer Hitze köcheln und anschließend etwas abkühlen lassen. Das Sauerkraut und das Fleisch können bereits am Vortag zubereitet werden.
Das Fleisch und die Würste aus dem Topf nehmen, abtropfen lassen und mit dem Räucherspeck auf den Rost legen. Mit dem zerbröckelten Thymian bestreuen und 15 Min. unter laufendem Wenden grillen. Das Fleisch zum Schluss mit Salz und Pfeffer würzen.
In der Zwischenzeit das Sauerkraut erhitzen.

Sophies Tipp

Zu diesem Gericht passen am besten Folienkartoffeln (siehe S. 109). Außerdem reiche ich dazu verschiedene Senfsorten.
***Empfohlene Weißweine:** Silvaner oder Gris de Toul – oder ein Bier.*

Panierte Schweinsfüße

Für 6 Personen

6 EL scharfer Senf
3 EL Sonnenblumenöl
Salz
Pfeffer
6 Schweinsfüße, gekocht
100 g Paniermehl

In einer kleinen Schüssel den Senf mit dem Öl verrühren und mit Salz und Pfeffer würzen. Die Schweinsfüße in eine Schale legen, mit der Senf-Öl-Mischung bestreichen und anschließend im Paniermehl wenden.
Die Schweinsfüße auf den Rost legen und unter laufendem Wenden 15 Min. garen.

Sophies Tipp

Die Schweinsfüße serviere ich gerne mit einem Erbsenpüree und einem Mesclun. **Empfohlener Wein:** Côtes-de-Provence rosé oder Côtes-du-Rhône rouge. Dazu passt aber auch ein süffiges Bier.*

Karamellisierter York-Schinken

Für 6 Personen

2 Scheiben York-Schinken (5 cm dick)

Für die Honigmarinade:
3 EL flüssiger Honig
6 EL Sojasauce
Saft von 2 Limetten
2 Knoblauchzehen
1 TL frisch geriebener Ingwer oder 1/2 TL gemahlener Ingwer
Salz
Pfeffer

Den Schinken in eine Schale legen. Den Honig in einer kleinen Schüssel mit der Sojasauce, dem Limettensaft, den geschälten und zerdrückten Knoblauchzehen und dem Ingwer verrühren und mit Salz und Pfeffer würzen. Die Marinade über den Schinken gießen, zudecken und den Schinken 2 Stunden an einem kühlen Ort marinieren lassen.
Den Schinken anschließend abtropfen lassen und die Marinade dabei auffangen. Die Schinkenscheiben auf den Rost legen und 20 Min. grillen. Dabei laufend wenden und mit der Marinade bestreichen. Der karamellisierte York-Schinken kann auch kalt gegessen werden.

Sophies Tipp

*Zu dem karamellisierten York-Schinken serviere ich gerne Artischockenböden mit einer Vinaigrette oder Tomaten auf provenzalische Art (siehe S. 108). **Empfohlene Rotweine:** Touraine oder Brouilly.*

Gemüse

Gegrilltes Gemüse mit Fleur de sel

Für 6 Personen

2 kleine Auberginen
4 große, feste Tomaten
4 rote, grüne oder gelbe
  Paprikaschoten
Fleur de sel*
Olivenöl

Das Gemüse waschen, aber nicht schälen.
Wenn Sie den Grill anheizen, das Gemüse ins Feuer legen und 5 Min. unter laufendem Wenden grillen. Das Gemüse anschließend herausnehmen und etwas abkühlen lassen.
Die Schalen entfernen. Dabei die Hand immer wieder in kaltes Wasser tauchen. Die Schale lässt sich nach dem Grillen mühelos abziehen.
Das Gemüse im Ganzen auf einer Platte anrichten, mit Fleur de sel* bestreuen und mit Olivenöl beträufeln.

Sophies Tipp

Das gegrillte Gemüse serviert man als Beilage zu gegrilltem Fleisch oder Fisch.

Auberginen mit Roquefort

Für 6 Personen

3 Auberginen
Salz
Pfeffer
Öl
200 g Roquefort
300 g Crème double*

Die Auberginen waschen, der Länge nach halbieren und mit Salz und Pfeffer würzen. Den Backofen auf 180 °C (Umluft 160 °C) vorheizen. Ein Stück Pergamentpapier mit Öl einstreichen, die Auberginenhälften darauflegen und 25 Min. im vorgeheizten Backofen garen. Herausnehmen und etwas abkühlen lassen.
Das Fruchtfleisch mit einem Löffel herauslösen und dabei einen 5 mm breiten Rand stehen lassen. Das Fruchtfleisch in einer Schüssel mit dem zerkrümelten Roquefort und der Crème double* vermengen und mit Salz und Pfeffer abschmecken.
Die Auberginenhälften mit der Käsecreme füllen, auf den Rost legen und 10 Min. grillen.

Sophies Tipp

Zu den Auberginen mit Roquefort serviere ich meist einen grünen Salat mit Walnüssen oder Pinienkernen.

Zwiebelpüree mit Beaufort

Für 6 Personen

6 große rote Zwiebeln
200 g Sahne
200 g Beaufort*
Salz
Pfeffer

Die ungeschälten Zwiebeln auf den Rost legen und unter laufendem Wenden 40 Min. rösten. Die äußere Schale muss schwarz werden, und innen müssen die Zwiebeln weich sein. Die Zwiebeln anschließend vom Rost nehmen, etwas abkühlen lassen und die schwarzen Schalen entfernen.
Das Fruchtfleisch mit einem Löffel herauslösen und in eine Kasserolle geben. Die Sahne und den kleingeschnittenen Käse hinzufügen. Aufkochen lassen, den Topf danach vom Herd nehmen und das Püree mit Salz und Pfeffer abschmecken.

Sophies Tipp

Das Zwiebelpüree eignet sich gut als Beilage zu Folienkartoffeln (siehe S. 109). Dazu reiche ich noch geröstetes Landbrot.

Gegrillter Spargel

Für 6 Personen

24 Stangen grüner Spargel

Für die Sesammarinade:
4 EL Olivenöl
2 EL Sojasauce
2 EL Sesamkörner
frisch gemahlener Pfeffer

Die Enden der Spargelstangen abschneiden und wegwerfen.
In einer Schüssel das Öl mit der Sojasauce, den Sesamkörnern und frisch gemahlenem Pfeffer verrühren. Den Spargel in die Marinade legen, zudecken und 30 Min. an einem kühlen Ort marinieren lassen.
Die Stangen anschließend abtropfen lassen und die Marinade dabei auffangen.
Jeweils 4 Spargelstangen auf 2 Spieße (einen Spieß am oberen und einen am unteren Ende der Stangen) stecken.
Die Spieße auf den Rost legen und den Spargel 5 Min. grillen. Dabei laufend wenden und mit der Marinade bestreichen.

Sophies Tipp

Den gegrillten Spargel serviere ich als Beilage zu gegrilltem Fisch oder mit Parmaschinken als Amuse-Gueule zum Aperitif.

Gefüllte Champignons

Für 6 Personen

12 große Champignons
2 EL Olivenöl

Für das Ratatouille:
1 Zwiebel
1 rote oder grüne Paprikaschote
1 Zucchini
1 kleine Aubergine
4 Tomaten
1 Knoblauchzehe
150 ml Olivenöl
Salz
Pfeffer
2 Msp. Kräuter der Provence
1 Lorbeerblatt

Die Zwiebel schälen und in Ringe schneiden. Die Paprikaschote von Kernen und Häutchen befreien und in Streifen schneiden. Die Zucchini und die Aubergine fein würfeln. Die geschälten und entkernten Tomaten zerdrücken. Den Knoblauch schälen und durchpressen.
Etwas Öl in einem Kochtopf erhitzen und die Zwiebel, den Knoblauch und die Paprikaschote darin anbräunen. Herausnehmen, das restliche Öl in den Topf geben und die Zucchini und die Aubergine darin anbraten. Herausnehmen und beiseitestellen. Die Tomaten in den Topf geben und 10 Min. kochen lassen.
Das gesamte Gemüse mischen, mit Salz und Pfeffer abschmecken, die Kräuter der Provence und das Lorbeerblatt hinzufügen und das Ratatouille 1 Stunde bei geringer Hitze köcheln lassen. Dabei gelegentlich umrühren. Das Ratatouille kann 2 Tage im Voraus zubereitet werden.
Die Stiele der Champignons abtrennen, die Köpfe kurz unter fließendem Wasser waschen, mit dem Olivenöl bepinseln und mit der Innenseite nach unten auf den Rost legen. Die Champignonköpfe 5 Min. grillen, umdrehen, mit dem Ratatouille füllen, weitere 5 Min. garen und sofort servieren.

Sophies Tipp

Die gefüllten Champignons eignen sich gut als Beilage zu gegrilltem Fisch, Spiegelei oder Omelett.

Tomaten auf provenzalische Art

Für 6 Personen

6 große, feste Tomaten
Salz
4 Knoblauchzehen
2 EL gehackte Petersilie
3 EL Olivenöl
Pfeffer
4 EL Paniermehl

Die Tomaten halbieren, salzen und mit der Schnittfläche nach unten auf einen Teller legen, um ihnen das Wasser zu entziehen.
In einer kleinen Schüssel den geschälten und zerdrückten Knoblauch mit der Petersilie und dem Öl verrühren und mit Salz und Pfeffer würzen. Die Tomatenhälften zunächst in der Ölmischung und anschließend im Paniermehl wenden, auf den Rost legen und unter laufendem Wenden 5 Min. rösten.

Sophies Tipp

Die provenzalischen Tomaten passen als Beilage zu gegrilltem Fisch oder gegrillten Lammkoteletts. Sie können die Tomatenhälften nach dem Grillen auch noch mit Parmesanspänen bestreuen.

Folienkartoffeln

Für 6 Personen

12 mittelgroße Kartoffeln

Achten Sie darauf, dass die Kartoffeln möglichst die gleiche Größe haben, damit sie gleichzeitig gar werden. Die Kartoffeln waschen, nicht abtrocknen und ungeschält jeweils in ein Stück Alufolie verpacken.
Die Kartoffeln in die Glut oder ins Feuer legen und 25 Min. garen. Die Kartoffeln dabei einmal wenden.
Die Kartoffeln am Ende der Garzeit einstechen, um die Garprobe zu machen.

Sophies Tipp

Ich serviere die Folienkartoffeln gerne mit Crème fraîche und gesalzener Butter. Sie eignen sich aber auch als Beilage zu allen Grillgerichten.

Gegrillte Maiskolben

Für 6 Personen

100 g gesalzene Butter
1 EL Olivenöl
6 frische Maiskolben
Fleur de sel*
frisch gemahlener Pfeffer

Die leicht flüssige Butter in einer kleinen Schüssel mit dem Öl verrühren und die Maiskolben damit bepinseln.
Die Maiskolben auf den Rost legen und 5–7 Min. grillen. Die Maiskolben dabei laufend wenden und mit der Butter-Öl-Mischung bestreichen. Sobald die Maiskolben rundherum eine schöne goldbraune Farbe angenommen haben, mit Salz und Pfeffer würzen.
Die fertigen Maiskolben zum Servieren auf zwei Gabeln aufspießen.

Sophies Tipp

Sie können die Butter-Öl-Mischung noch mit 2 EL gehackter Petersilie oder gehacktem Estragon und 1 zerdrückten Knoblauchzehe verfeinern. Die gegrillten Maiskolben passen hervorragend zu Fleisch und Geflügel.

Nudelsalat mit Zucchini

Für 6 Personen

300 g Farfalle
2 Zucchini
10 Silberzwiebeln
100 g magerer, durchwachsener Bauchspeck (geräuchert oder ungeräuchert)
2 EL Olivenöl
1 EL Weinessig

Für die Kräutervinaigrette:
1 EL Weinessig
3 EL Olivenöl
2 TL gehackte Kräuter (Kerbel, Schnittlauch, Petersilie ...)
Salz
Pfeffer

Die Nudeln nach Packungsanweisung al dente kochen, abgießen, unter fließendem kaltem Wasser abschrecken und in eine Salatschüssel füllen.
Die Zucchini waschen, die Enden abschneiden, das Fruchtfleisch raspeln und unter die Nudeln mischen.
Die Zwiebeln schälen, den Speck in feine Streifen schneiden. Das Olivenöl in einer Pfanne erhitzen und die Zwiebeln mit dem Speck etwa 10 Min. bei geringer Hitze darin braten. Die Zwiebeln und den Speck anschließend mit einem Schaumlöffel aus der Pfanne nehmen und zu den Nudeln geben. Den Bratensaft mit dem Essig ablöschen, darübergießen und den Salat durchmischen.
Für die Vinaigrette den Essig in einer kleinen Schüssel mit dem Öl und den Kräutern verrühren und mit Salz und Pfeffer abschmecken.
Die Vinaigrette über den Salat gießen, noch einmal durchmischen, abschmecken und sofort servieren.

Sophies Tipp

Der Nudelsalat mit Zucchini passt gut zu Käse und jeder Art von Fleisch.

Kartoffelsalat mit Schalotten

Für 6 Personen

18 kleine, festkochende Kartoffeln
6 Schalotten
etwa 10 Basilikumblätter

Für die Vinaigrette mit Pinienkernen:
3 EL Balsamico-Essig
1 TL grobkörniger Senf
2 hartgekochte Eier
9 EL Olivenöl
50 g Pinienkerne
Salz
Pfeffer

Die Schalotten schälen und fein schneiden.
Die Kartoffeln waschen, aber nicht schälen und 10 Min. im Schnell- oder Dampfkochtopf in Wasser garen. Anschließend abgießen, etwas abkühlen lassen, pellen und in Scheiben schneiden.
Das Basilikum fein schneiden.
Die Kartoffeln in einer Salatschüssel mit dem Schalotten und dem Basilikum mischen.
Für die Vinaigrette den Essig in einer kleinen Schüssel mit dem Senf verrühren.
Die Eier im Essig zerdrücken. Das Öl und die Pinienkerne hinzufügen und mit Salz und Pfeffer abschmecken.
Die Vinaigrette über die Kartoffeln gießen und den Salat noch einmal durchmischen.
Der Kartoffelsalat kann 3 Stunden im Voraus zubereitet und bis zum Servieren im Kühlschrank aufbewahrt werden. Den Salat dann vor dem Servieren noch einmal abschmecken.

Sophies Tipp

Dieser Kartoffelsalat passt gut zu Fisch, Fleisch und Wurst.

Möhrensalat mit Rosinen und Walnüssen

Für 6 Personen

30 g Korinthen oder Malaga-Rosinen
6 Möhren
30 g Walnusskerne

Für die Mandelvinaigrette:
2 EL Sherryessig
6 EL Oliven- oder Walnussöl
1 EL gemahlene Mandeln
2 EL gehackte Kräuter (Petersilie, Kerbel, Schnittlauch …)
Salz
Pfeffer

Die Rosinen waschen, trockentupfen und in lauwarmem Wasser einweichen.
Die Möhren schaben, waschen und raspeln.
Für die Vinaigrette den Essig in einer kleinen Schüssel mit dem Öl verrühren. Die gemahlenen Mandeln und die Kräuter hinzufügen und mit Salz und Pfeffer abschmecken.
Die Möhren in einer Salatschüssel mit den abgetropften Rosinen, den grob gehackten Walnusskernen und der Vinaigrette mischen und den Salat noch einmal abschmecken.
Den Möhrensalat können Sie in einer halbierten, ausgehöhlten Salatgurke anrichten. Er kann bereits 3 Stunden im Voraus zubereitet und bis zum Servieren im Kühlschrank aufbewahrt werden.

Sophies Tipp

Der Möhrensalat eignet sich gut als Beilage zu weißem Fleisch und Geflügel.

Reissalat mit getrockneten Tomaten

Für 6 Personen

300 g weißer Reis
250 g getrocknete Tomaten
12 Scheiben Salami
125 g Feta
etwa 10 Basilikumblätter

Für die Vinaigrette mit Pesto:
1 EL Pesto
1 EL Balsamico-Essig
3 EL Olivenöl
Salz
Pfeffer

Den Reis nach Packungsanweisung kochen, abgießen und unter fließendem kaltem Wasser abschrecken.
Den Reis in einer Salatschüssel mit den abgetropften Tomaten, den halbierten Salamischeiben, dem gewürfelten Feta und dem fein geschnittenen Basilikum mischen.
Für die Vinaigrette das Pesto in einer kleinen Schüssel mit dem Essig verrühren.
Das Öl hinzufügen und mit Salz und Pfeffer abschmecken.
Die Vinaigrette über den Reis gießen und den Salat noch einmal durchmischen.
Der Reissalat kann 3 Stunden im Voraus zubereitet werden.

Sophies Tipp

Der Reissalat passt gut zu Wurst, Krustentieren und Fisch.

Champignonsalat mit Sesam

Für 6 Personen

500 g Champignons
Saft einer Zitrone

Für die Sesamvinaigrette:
2 TL Weinessig
1 TL scharfer Senf
1 Prise gemahlener Kreuzkümmel
2 EL Sesamkörner
Salz
Pfeffer
6 TL Walnuss- oder Haselnussöl

Die Champignons kurz unter fließendem Wasser waschen und die erdigen Stielenden abschneiden.
Die Pilze fein schneiden, in eine Salatschüssel geben, mit dem Zitronensaft begießen und umrühren.
Für die Vinaigrette in einer kleinen Schüssel den Essig mit dem Senf verrühren.
Den Kümmel und den Sesam untermischen, mit Salz und Pfeffer abschmecken und zum Schluss das Öl hinzufügen.
Die Vinaigrette über die Champignons gießen, den Salat durchmischen und sofort servieren.

Sophies Tipp

Der Champignonsalat eignet sich gut als Beilage zu Fisch.

Friséesalat mit Speck

Für 6 Personen

1 Friséesalat
200 g magerer, durchwachsener Bauchspeck (geräuchert oder ungeräuchert)
6 Eier
1 TL Weinessig

Für die Schalottenvinaigrette:
2 EL Balsamico-Essig
1 TL scharfer Senf
Salz
Pfeffer
6 EL Olivenöl
2 EL gehackte Petersilie
2 Schalotten

Den Salat waschen und trockenschleudern.
Für die Vinaigrette den Essig in einer kleinen Schüssel mit dem Senf verrühren. Mit Salz und Pfeffer würzen und das Öl, die Petersilie und die geschälten und fein geschnittenen Schalotten hinzufügen.
Den Speck in feine Streifen schneiden und ohne Zugabe von Fett bei mittlerer Hitze in der Pfanne goldbraun braten. Den Speck anschließend auf Küchenpapier abtropfen lassen.
Den Salat in einer Schüssel mit dem Speck mischen und anschließend auf 6 Portionsschälchen verteilen.
Unmittelbar vor dem Servieren die Eier pochieren. Dazu in einer großen Kasserolle Wasser aufkochen und den Essig hinzufügen. Die Wärmezufuhr dann verringern, sodass das Wasser nur noch leicht kocht. Ein Ei über einer kleinen Schüssel aufschlagen, vorsichtig in das Wasser gleiten lassen und etwa 3 Min. kochen lassen. Das Eiweiß, sollte es zu sehr zerfließen, mit einem Löffel über das Eigelb schlagen. Das Ei anschließend mit einem Schaumlöffel aus dem Topf heben und auf Küchenpapier abtropfen lassen. Die restlichen Eier ebenso zubereiten.
Die Salate mit der Vinaigrette begießen, die Eier darauf anrichten und sofort servieren.

Sophies Tipp

Der Friséesalat mit Speck eignet sich hervorragend als Beilage zu jeder Art von Fleisch.

Gurkensalat mit Emmentaler

Für 6 Personen

2 Salatgurken
1 Bund Radieschen
200 g Emmentaler

Für die Currysauce mit Cashewkernen:
1 TL scharfer Senf
250 g Crème double*
2 Msp. Currypulver
Saft einer 1/2 Zitrone
Salz
Pfeffer
50 g Cashewkerne

Die Gurken schälen, der Länge nach halbieren und die Kerne mit einem Löffel herausschaben. Das Fruchtfleisch anschließend in 3 cm große Würfel schneiden.
Die Radieschen putzen, waschen und in Scheiben schneiden.
Den Emmentaler in 2 cm große Würfel schneiden.
Sämtliche Zutaten in eine Salatschüssel füllen.
Für die Vinaigrette den Senf in einer Schüssel mit der Crème double* und dem Curry verrühren. Den Zitronensaft unterrühren und mit Salz und Pfeffer abschmecken. Zum Schluss die gehackten Cashewkerne unterheben.
Die Sauce über den Salat gießen, den Salat durchmischen und sofort servieren.

Sophies Tipp

Der Gurkensalat mit Emmentaler passt gut zu Wurst, Garnelen, Hähnchen und weißem Fleisch.

Caesar-Salat

Für 6 Personen

4 Eier
2 Batavia-Salate
$\frac{1}{2}$ Baguette
150 g Parmesan
1 EL gehackte Petersilie

Für die Vinaigrette mit Kapern und Cornichons:
2 EL Cidre-Essig
1 EL Senf
6 EL Olivenöl
1 EL Kapern
10 kleine Cornichons
Salz
Pfeffer

Die Eier 8 Min. in Wasser kochen und anschließend in kaltes Wasser legen. Dadurch wird der Garvorgang gestoppt und die Eier lassen sich leichter pellen.
Den Salat waschen und trockenschleudern.
Das Brot in Scheiben schneiden und unter dem Backofengrill rösten.
Für die Vinaigrette den Essig in einer kleinen Schüssel mit dem Senf verrühren. Das Öl, die Kapern und die in Scheiben geschnittenen Cornichons hinzufügen und mit Salz und Pfeffer würzen.
In einer Salatschüssel den Salat mit den geviertelten Eiern, den gerösteten Baguettescheiben, dem gehobelten Parmesan und der Petersilie mischen. Die Vinaigrette darübergießen, den Salat noch einmal durchmischen, abschmecken und sofort servieren.

Sophies Tipp

Der Caesar-Salat passt hervorragend zu Käse und allen hier vorgestellten Spießen.

Käse

Kartoffeln mit Raclette-Käse gefüllt

Für 6 Personen

6 große, mehligkochende
  Kartoffeln (z. B. Bintje)
12 Scheiben Raclette-Käse
6 Schnittlauchstängel
Salz

Für den Schnittlauchquark:
250 g Quark (20 % Fett)
6 Schnittlauchstängel
Salz
Pfeffer

Die Kartoffeln waschen und 20 Min. in Salzwasser kochen. Anschließend abgießen und abkühlen lassen.
Den Quark mit dem fein geschnittenen Schnittlauch vermengen, mit Salz und Pfeffer abschmecken, zudecken und in den Kühlschrank stellen.
Die Kartoffeln der Länge nach in 3 Scheiben schneiden und jeweils zwei Scheiben mit 1 Scheibe Raclette-Käse belegen. Die Kartoffeln mit dem fein geschnittenen Schnittlauch bestreuen, in Alufolie verpacken und auf den Rost legen. 15 Minuten grillen und sofort mit dem Quark servieren.

Sophies Tipp

Die Kartoffeln mit Raclette-Käse eignen sich als Beilage zu rotem Fleisch und Grillwurst. ***Empfohlener Weißwein:*** *Côtes-du-Jura.*

Tortellinispieße

Für 6 Personen

350 g frische Tortellini mit Käsefüllung
Salz
6 EL Olivenöl
etwa 10 Basilikumblätter
6 Scheiben roher Schinken
frisch gemahlener Pfeffer

Für die Parmesansauce:
250 g Crème fraîche
20 g geriebener Parmesan
frisch gemahlener Pfeffer

Die Tortellini etwa 1 1/2 Min. in Salzwasser kochen, abtropfen lassen und in eine Schale geben. Das Öl darübergießen, das fein geschnittene Basilikum und den in Streifen geschnittenen Schinken hinzufügen, mit Pfeffer würzen und die Zutaten durchmischen. Die Tortellini und den Schinken anschließend abtropfen lassen und das Öl dabei auffangen.
Die Tortellini und den Schinken abwechselnd auf 6 Spieße stecken. Die Spieße auf den Rost legen und 2 Min. grillen. Die Spieße dabei laufend wenden und mit dem Öl bestreichen.
In der Zwischenzeit die Sauce zubereiten. Dazu die Crème fraîche 1 Min. bei geringer Hitze in einer Kasserolle erhitzen. Den Parmesan hinzufügen, umrühren und mit Pfeffer würzen. Die Sauce kann bereits im Voraus zubereitet und im Wasserbad warm gehalten werden.

Sophies Tipp

Die Tortellinispieße serviere ich mit einem grünen Salat.
Empfohlene Rotweine: *Montagne-Saint-Émilion oder Juliénas.*

Gegrillter Camembert

Für 6 Personen

1 Rohmilchcamembert
1 EL flüssiger Honig
oder 1 EL Calvados
(nach Belieben)

Den Camembert aus dem Papier wickeln und wieder in die Schachtel legen.
Das Etikett entfernen. Die Oberfläche des Käses mit der Messerspitze kreuzförmig einschneiden, den Käse in der Mitte leicht eindrücken und in die Mulde 1 EL flüssigen Honig oder Calvados gießen.
Den Deckel auf die Schachtel setzen, die Schachtel auf den Rost stellen und den Käse 20 Min. grillen, bis sich der Deckel hebt.
Den Camembert vom Rost nehmen, die Schachtel öffnen und den Käse sofort servieren.

Sophies Tipp

Den gegrillten Camembert serviere ich gerne mit gerösteten Brotstreifen und gedämpften Kartoffeln. ***Empfohlene Weine:*** *Morgon, Châteauneuf-du-Pape, Pomerol rouge – oder ein alter Portwein.*

Käse-Naans

Für 6 Personen

300 g Weizenmehl
1 Prise Salz
1/2 Päckchen Backpulver
1 EL Olivenöl
2 Msp. Currypulver
1 Becher Naturjoghurt (à 150 g)
6 Portionspäckchen Frisch- oder
Schmelzkäse (z. B. Kiri)

In einer Schüssel das Mehl mit 1 Prise Salz, dem Backpulver, dem Olivenöl, dem Curry und dem Joghurt verrühren. Nach und nach 7 EL lauwarmes Wasser hinzufügen, bis ein weicher Teig entstanden ist. Den Teig zudecken und 10 Min. bei Zimmertemperatur ruhen lassen.
Den Teig in 6 gleich große Portionen teilen und mit der Hand zu dünnen Fladen flach drücken.
In die Mitte jedes Fladens 1 Portion Frischkäse geben, die Fladen zweimal zusammenfalten und nochmals flachdrücken.
Die Käse-Naans auf den Rost legen und auf jeder Seite 3 Min. grillen, bis der Teig durchgebacken und aufgegangen ist.
Die Naans vom Rost nehmen und in Alufolie wickeln, damit sie warm bleiben.

Sophies Tipp

Die Käse-Naans reiche ich zu allen meinen Gerichten.

Tartiflette »en papillote«

Für 6 Personen

6 mittelgroße, festkochende
Kartoffeln oder 1,5 kg tiefgefrorene Kartoffelwürfel
2 Zwiebeln
250 g Räucherspeck
4 EL Sonnenblumenöl
1 Reblochon*
frisch gemahlener Pfeffer

Die Kartoffeln schälen und in 1 cm große Würfel schneiden. Die Zwiebeln ebenfalls schälen und in dünne Streifen schneiden. Den Speck in feine Streifen schneiden. Das Öl in einer Pfanne erhitzen und die Zwiebeln mit dem Speck 5 Min. bei mittlerer Hitze darin anbräunen. Die Zwiebeln und den Speck mit einem Schaumlöffel aus der Pfanne heben und in eine Schüssel geben. Die Kartoffeln in die Pfanne geben und so lange braten, bis sie durchgegart und goldbraun sind. Die Kartoffeln anschließend mit den Zwiebeln und dem Speck mischen.
Die Mischung auf 6 große Stücke Alufolie verteilen und mit Pfeffer würzen.
Den Käse kleinschneiden und über die Kartoffeln streuen.
Die Alufolie verschließen, die Päckchen auf den Rost legen und die Tartiflettes 20 Min. grillen.

Sophies Tipp

Die Tartiflettes serviere ich meist mit einem grünen Salat.
***Empfohlener Weißwein:** Apremont.*

Crottins am Spieß

Für 6 Personen

6 Crottins de Chavignol*
6 dünne Scheiben magerer, durchwachsener Bauchspeck

Für die Kräutermarinade:
4 Lorbeerblätter
4 frische Thymianzweige
4 frische Oreganozweige
4 frische Rosmarinzweige
1 EL schwarze Pfefferkörner
1/2 Liter Olivenöl

Die Ziegenkäse mit den Kräutern und dem Pfeffer in ein großes Schraub- oder Einmachglas legen und mit Öl bedecken. Das Glas verschließen und den Käse mindestens 2 Tage, maximal 1 Woche im Kühlschrank marinieren lassen.
Die Käse anschließend abtropfen lassen und das Öl dabei auffangen. Jeden Käse mit 1 Scheibe Speck umwickeln und jeweils 3 Käse auf einen Spieß stecken.
Die Spieße auf den Rost legen und den Käse 3 Min. grillen. Dabei laufend wenden und mit dem Öl bestreichen.

Sophies Tipp

Zu den gegrillten Crottins serviere ich gerne Rosinenbrötchen oder Fougasses mit Speck und einen grünen Salat, den ich mit der Kräutermarinade anmache.* ***Empfohlene Weißweine:*** *Sancerre oder Vouvray.*

Knusprige Mozzarellarollen

Für 6 Personen

6 Brick-Blätter*
4 EL Olivenöl
175 g Mozzarella
6 Msp. getrockneter Oregano
frisch gemahlener Pfeffer
12 getrocknete Tomaten in Öl

Die Brick-Blätter* rasch mit dem Öl einstreichen. Den Mozzarella in 6 gleich große Stücke teilen, mit dem Oregano bestreuen und mit Pfeffer übermahlen. Auf jedes Brick-Blatt* ein Stück Mozzarella und 2 abgetropfte getrocknete Tomaten legen. Die Brick-Blätter* aufrollen und die Enden zusammendrehen und verknoten.
Die Rollen nochmals mit Öl bepinseln, auf den Rost legen und 10 Min. unter laufendem Wenden rösten.

Sophies Tipp

Die Mozzarellarollen serviere ich meist mit einem Reissalat mit getrockneten Tomaten (siehe S. 119) oder einem Tomatensalat mit Silberzwiebeln.
Empfohlener Rotwein: *Chianti.*

Käse-Cake-Spieße

Für 6 Personen

3 Eier
150 g Weizenmehl
1 Päckchen Backpulver
2 Prisen Pfeffer
100 ml Sonnenblumenöl
125 ml Vollmilch
100 g geriebener Greyerzer
80 g Fourme d'Ambert*
80 g Morbier*
80 g Cantal*

Zum Garnieren:
etwa 20 Mini-Mozzarellakugeln
etwa 20 Cocktailtomaten

Den Backofen auf 180 °C (160 °C Umluft) vorheizen.
In einer Schüssel die Eier, das Mehl, das Backpulver und den Pfeffer mit dem Schneebesen verrühren. Das Öl und die heiße Milch nach und nach einrühren. Den Greyerzer untermischen. Den Fourme* zerdrücken, den Morbier* und den Cantal* kleinschneiden. Den Käse anschließend mit einem Spatel unter den Teig heben.
Den Teig in eine beschichtete Kastenform (26 cm) füllen und 45 Min. backen. Den Kuchen anschließend aus dem Ofen nehmen, abkühlen lassen und danach aus der Form stürzen. Der Kuchen kann 3 Tage im Voraus gebacken und verpackt im Kühlschrank aufbewahrt werden.
Den Kuchen in 6 dicke Scheiben zerteilen und die Scheiben nochmals vierteln. Je 4 Kuchenstücke abwechselnd mit den Mozzarellakugeln und den Cocktailtomaten auf 6 Spieße stecken. Die Spieße auf den Rost legen und den Kuchen unter laufendem Wenden 3 Min. rösten.

Sophies Tipp

Dazu passt ein Möhrensalat mit Rosinen und Walnüssen (siehe S. 115), oder ich reiche die Spieße mit einem Riesling zum Aperitif.
Empfohlene Rotweine: *Côtes-du-Ventoux oder Pomerol.*

Desserts

Gegrillte Ananas mit Vanille

Für 6 Personen

1 Ananas

Für den Vanillesirup mit Rum:
500 g Streuzucker
100 ml weißer Rum
5 Vanilleschoten

Beim Einkauf darauf achten, dass die Ananas eine schöne goldgelbe Schale hat. Dann ist sie gerade richtig reif und süß. Ananas an einem kühlen Ort, aber nicht im Kühlschrank aufbewahren.
Die Ananas schälen, die Blätter dabei aber nicht entfernen.
In einer großen Kasserolle 500 ml Wasser mit dem Zucker zum Kochen bringen und anschließend den Rum und die aufgeschlitzten Vanilleschoten hinzufügen.
Die Ananas in den Sirup legen und 1 Stunde bei geringer Hitze köcheln lassen.
Die Ananas danach abtropfen lassen, auf den Rost legen und 15 Min. unter laufendem Wenden grillen.

Sophies Tipp

Die Ananas vor dem Servieren in Scheiben schneiden und auf jeder Scheibe 1 Kugel Vanilleeis anrichten.

Aprikosenspieße

Für 6 Personen

18 reife, feste Aprikosen

Für die Makronenfüllung:
10 Pistazienmakronen
50 g gemahlene Mandeln
50 g weiche Butter
Saft einer 1/2 Zitrone

Die Aprikosen waschen und abtrocknen. Die Früchte mit einem kleinen Messer einschneiden, das Fruchtfleisch vorsichtig auseinanderziehen und die Kerne entfernen.
Die Makronen in einer Schüssel mit der Gabel zerdrücken. Die gemahlenen Mandeln, die Butter und den Zitronensaft hinzufügen und die Zutaten miteinander vermengen.
Die Masse in die Aprikosen füllen.
Auf jeden Spieß 3 Aprikosen stecken, die Spieße auf den Rost legen und die Aprikosen 10 Min. unter laufendem Wenden grillen. Die Spieße heiß oder kalt servieren.

Sophies Tipp

Servieren Sie die Aprikosenspieße mit einem Frucht-Coulis oder mit Schlagsahne.

Exotische Fruchtspieße

Für 6 Personen

1 Viktoria-Ananas (Baby-Ananas)
3 Bananen
3 Kiwis
1 Mango
20 g Kokosraspel

Für den Zuckerrohrsirup mit Rum:
200 ml Zuckerrohrsirup
Saft einer Zitrone
2 EL Rum

Die Früchte schälen und in 5 cm große Würfel schneiden. Mit dem Sirup, dem Zitronensaft und dem Rum in einen Schale geben, zudecken und 30 Min. im Kühlschrank marinieren lassen.
Die Früchte anschließend abtropfen lassen, abwechselnd auf 6 Spieße stecken und mit den Kokosraspeln bestreuen.
Die Spieße auf den Rost legen und unter laufendem Wenden etwa 6 Min. grillen.

Sophies Tipp

Servieren Sie die Fruchtspieße mit 1 Kugel Kokoseis oder mit Schlagsahne.

Schoko-Bananen

Für 6 Personen

6 reife, feste Bananen
100 g Zartbitterschokolade

Die Bananenschale mit einem kleinen, spitzen Messer auf der gekrümmten Seite von oben bis unten aufschlitzen.
Die Schale vorsichtig auseinanderziehen und jeweils 4 Stückchen Schokolade zwischen Schale und Fruchtfleisch schieben. Die Schalen anschließend an den Enden mit Küchengarn zubinden.
Die Bananen auf den Rost legen und 25 Min. grillen, bis sich die Schale schwarz färbt.

Sophies Tipp

Anstelle von Schokolade können Sie auch Schokoladencreme nehmen. Servieren Sie die Bananen mit einer Schokoladensauce oder 1 Kugel Vanilleeis.

Gegrillte Orangen mit Grand Marnier

Für 6 Personen

6 Orangen

Für die Grand-Marnier-Marinade:
6 EL Rohrzucker
6 Prisen gemahlene Vanille
6 EL Grand Marnier

Die Orangen schälen und dabei die weiße Haut sorgfältig mit entfernen.
Den Zucker mit dem Vanillepulver mischen. Die Früchte in Scheiben schneiden und in der Zucker-Vanille-Mischung wenden.
Die Orangen wieder zusammensetzen. 6 ausreichend große Stücke Alufolie einmal zusammenfalten. Die Orangen daraufsetzen, die Folie etwas nach oben schlagen und den Grand Marnier hineingießen. Die Folie verschließen und oben zusammendrehen.
Die Orangen auf den Rost legen, 15 Min. grillen und warm oder kalt servieren.

Sophies Tipp

Servieren Sie die gegrillten Orangen mit Crème fraîche oder Schokoladensauce.

Schoko-Kekse mit Marshmallows

Für 6 Personen

24 Sandteigkekse
12 Stückchen Schokolade
12 Marshmallows

Die Hälfte der Kekse nebeneinander auf eine Platte legen und jeweils mit 1 Stückchen Schokolade belegen.
Die Marshmallows auf die Spitzen der Spieße stecken und 1 Min. unter laufendem Wenden über der offenen Flamme rösten.
Die gegrillten Marshmallows anschließend sofort auf die Kekse legen, einen zweiten Keks darauflegen und fest andrücken, damit die Schokolade schmilzt.
Sofort servieren.

Sophies Tipp

Anstelle von Schokolade können Sie auch Schokoladencreme verwenden. Servieren Sie die Kekse zu einem Obstsalat oder einem Eisbecher.

Äpfel mit Zimtbutter

Für 6 Personen

6 Äpfel

Für die Zimtbutter:
180 g gesalzene Butter
2 EL gemahlener Zimt
75 g Streu- oder Rohrzucker

Die Äpfel waschen und die Kerngehäuse mit dem Apfelausstecher herausschneiden.
Die Butter mit dem Zimt und dem Zucker vermengen und in die Äpfel füllen.
Die Äpfel einzeln in Alufolie einschlagen und die Folie oben zusammendrehen.
Die Äpfel zu Beginn der Mahlzeit in die Glut legen, 90 Min. braten und warm oder kalt servieren.

Sophies Tipp

Servieren Sie die Äpfel mit Crème fraîche oder Quark.

Pfirsiche mit Mandelfüllung

Für 6 Personen

6 große reife, aber feste
gelbfleischige Pfirsiche

Für die Mandelfüllung:
10 g Korinthen
10 g Mandelblättchen
40 g Zucker
40 g weiche gesalzene Butter
40 g gemahlene Mandeln
1 Ei
10 g Pistazien

Die Pfirsiche waschen, halbieren und entsteinen. Die Hälften auf eine Platte legen.
Die Korinthen waschen, trockentupfen und in lauwarmem Wasser einweichen.
Die Mandelblättchen 30 Sek. unter laufendem Rühren in einer heißen Pfanne ohne Zugabe von Fett rösten.
In einer Schüssel den Zucker, die Butter, die gemahlenen Mandeln und das Ei mit einem Holzkochlöffel vermengen und anschließend die abgetropften Rosinen, die Mandelblättchen und die Pistazien untermischen.
Die Pfirsichhälften mit der Masse füllen, auf den Rost legen, 20 Min. grillen und warm oder kalt servieren.

Sophies Tipp

Servieren Sie die gefüllten Pfirsiche mit 1 Kugel Vanilleeis oder einer Englischen Creme.

Register der Saucen und Marinaden

Rezeptregister

AMUSE-GUEULES UND VORSPEISEN

HAUPTGERICHTE

Rotes Fleisch

Weißes Fleisch

Geflügel

Wurst

Krustentiere

Kleine Warenkunde

Andouillette ist eine französische Wurstspezialität. Es handelt sich dabei um frische oder geräucherte Würstchen aus Innereien vom Schwein oder Kalb, die mit Wein, Zwiebeln und Gewürzen verfeinert werden.

Beaufort ist ein Hartkäse aus roher Kuhmilch mit einem Fettgehalt von 50 %. Der Beaufort hat einen nussigen, fruchtigen Geschmack.

Brick- oder Filoteig ist ein hauchdünner Strudelteig, der in türkischen Lebensmittelgeschäften erhältlich ist.

Cantal ist ein halbfester Schnittkäse aus Kuhmilch mit einem Fettgehalt von 45 % und leicht salzigem, haselnussartigem Geschmack.

Chipolata ist ein kleines Bratwürstchen, das mit glacierten Zwiebeln, Möhren, und Maronen verfeinert wird.

Crème double kann durch Sauerrahm (nicht zu verwechseln mit saurer Sahne) ersetzt werden. In der französischen Originalausgabe dieses Buches wird statt Crème double immer Crème fraîche épaisse verwendet, die bei uns allerdings kaum zu bekommen ist.

Crottin de Chavignol ist ein kleiner, runder Weichkäse aus Ziegenmilch mit nussigem, leicht säuerlichem Geschmack und einem Fettgehalt von 45 %. Man findet ihn bei uns in gut sortierten Supermärkten und Käsegeschäften, wo er meist unter dem Herstellernamen »Soignon« angeboten wird.

Fleur de sel (dt. Salzblume) ist das wohl feinste und beste Salz. Es handelt sich dabei um die auf der Wasseroberfläche entstehenden Salzkristalle, die in den Salzgärten der Bretagne von Hand abgelesen werden.

Flüssige Crème fraîche ist bei uns kaum erhältlich. Sie lässt sich aber ganz einfach selbst herstellen, indem man flüssige Sahne mit saurer Sahne verrührt.

Fougasse, eine provenzalische Spezialität, ist ein flacher, runder Kuchen aus Weizen- oder Hefeteig, der in der Aschenglut gebacken wird. Man isst ihn süß, zum Beispiel mit kandierten Früchten, oder salzig.

Fourme d'Ambert ist ein Schimmelkäse aus Kuhmilch mit einem Fettgehalt von 45 % und leicht bitterem Geschmack.

Fünf-Gewürze-Pulver (frz. Cinq épices) ist eine gemahlene Gewürzmischung aus Fenchel, Gewürznelke, Piment, Sternanis und Zimt.

Meaux-Senf (frz. Moutarde de Meaux) ist ein grobkörniger mittelscharfer Senf, der nach einem Rezept aus dem 17. Jahrhundert hergestellt und mit Wein und Kräutern verfeinert wird.

Merguez, eine Spezialität aus Nordafrika, ist ein scharfes Würstchen aus Rind- und/oder Hammelfleisch, das man gebraten oder gegrillt isst.

Mesclun ist eine Salatmischung aus jungen Trieben verschiedener Blattgemüse, die auch bei uns abgepackt in den Kühlregalen der Gemüseabteilungen gut sortierter Supermärkte angeboten wird.

Morbier ist ein mild-aromatischer Weichkäse aus Kuhmilch mit einer schwarzen Rußschicht in der Mitte und einem Fettgehalt von 45 %.

Piment d'Espelette ist ein Chilipfeffer aus dem französischen Baskenland.

Poilâne-Brot ist ein berühmtes französisches Weizen-Natursauerteigbrot, das bei uns nur in französischen Spezialitätengeschäften oder Delikatessengeschäften erhältlich ist.

Reblochon, eine Spezialität aus Savoyen, ist ein cremig-milder Butterkäse aus Kuhmilch mit einem Fettgehalt von 50 %. Er wird meist mit der Rinde gegessen.

Sardellencreme (frz. Anchoïade) ist eine provenzalische Spezialität. Sie besteht aus Sardellenpaste oder Anchovis, Knoblauch, Olivenöl und abgeriebener Zitronenschale und wird für Vorspeisen oder als Brotaufstrich verwendet.

Schwimmende Inseln (frz. Îles flottantes) ist der Name eines französischen Desserts. Es handelt sich dabei um eine leichte Süßspeise aus – häufig mit Karamell überzogenen – Eischneebällchen und Vanillecreme.

Tabouleh, eine libanesische Spezialität, ist ein Salat aus Bulgur, Petersilie, Tomaten und Zwiebeln, der mit Zitronensaft und Olivenöl angemacht wird.

Tandoori-Gewürz ist eine nordindische Gewürzmischung, die u. a. aus Kreuzkümmel, Koriander, Ingwer, Knoblauch, Chili, gelegentlich auch Kurkuma, Kardamom, Pfeffer, Muskatnuss, Zimt, Safran, Paprika und Gewürznelken besteht. Tandoori-Gewürz ist in Asia-Läden oder an Gewürzständen auf Wochenmärkten erhältlich.

Vacherin ist ein sahniger, milder Halbweichkäse mit einem Fettgehalt von 45 %, der aus roher Kuhmilch hergestellt wird. Traditionell löffelt man den Vacherin direkt aus der Spanschachtel.

In gleicher Ausstattung ebenfalls bei Gerstenberg:

Sophies Cakes
ISBN 978-3-8369-2950-9

Sophies Marmeladen & Kompotte
ISBN 978-3-8369-2979-0

Sophies Tartes, Quiches und Salate
ISBN 978-3-8369-2964-6

Sophies Buffets
ISBN 978-3-8369-2974-5

Sophies Gourmet-Haschees
ISBN 978-3-8369-2989-9

»Sophie Dudemaine gibt der Generation Mikrowelle den Spaß am Kochen zurück.« *ZDF*

»Ihre Rezepte müssen hopp, hopp gehen – und trotzdem raffiniert schmecken. Genau da liegt das Geheimnis der ›Methode Sophie‹: Sie ist idiotensicher und funktioniert selbst dann, wenn der Hobbykoch zwei linke Hände besitzt.« *Stern*

Ducasse ganz einfach dank Sophie
ISBN 978-3-8369-2965-3